永遠の星座
宮崎大宮高校130年

鉱脈社

刊行にあたり

宮崎大宮高等学校弦月同窓会
会長　内藤泰夫

学校――日本全国、学校ほど地域の皆様から関心をもたれ、親しまれ、地域のセンターとして位置付けられている存在はありません。宮崎県にあって、我が母校は旧制宮崎中学校、旧制宮崎高等女学校をもとにスタートし、戦後の学制改革を経て、宮崎大宮高等学校として編制され、なんと創立１３０周年を迎えることになりました。その間、会員数も５万人に近く全国的にみても、数少ない歴史と伝統を誇る存在となっています。

かつて存在した弦月湖にちなんで名づけられた弦月同窓会も、県内はもちろん、全国各地でその活動がみられ、定期的に、母校をなつかしみ、教えていただいた先生方、共に学んだ友人を思い出し、高らかに校歌が歌われ、交歓がなされて、頼もしく発展を続けています。

学校、特に、まさに青春時代を生きぬき、元気盛りの高校時代の思い出は、共に学んだ学級、学年、そして文化祭、体育祭、部活動、さらには学校までの通学時の風景等、同窓生一人ひとりの心に大きく生きています。

そのような思い出等を記録として残し、いつまでも大切にし、次世代に引き継いでいくことは、大きな価値があるものと思います。「記録は諸証の王なり」といわれます。各人の貴重な記録集として保存していくことは、同窓生としての大きな責務かもしれません。今回、創立130周年記念誌として発刊されました『永遠の星座　宮崎大宮高校130年』は、編集委員が数々の工夫をし、足を運び、汗をかきつつ収録された原稿であり、写真集でもあります。

一瞬で「あの頃」に返ります。喜びも、悩みも共有しつつ、今後の私たちの生き方にも大きく寄与するものと思います。

「自主自律」の精神は現役の宮崎大宮高校生にも引き継がれ、さらに現代性も加味しながら、宮崎大宮高校は、県内はもちろん、全国的にも、その名が生きています。

校歌にある「黒潮岸をあらひ」を心の中で歌いつつ、あの頃の教室、先生たち、友の顔を思い浮かべてみてください。

創立130周年！　明日からは140周年にむかってさらに前進していきます。

全国各地で活躍されている弦月同窓会会員のみなさまの、さらなる御健勝を祈りつつ、また現在の宮崎大宮高校のさらなる発展を祈念して、記念誌発刊にあたってのごあいさつといたします。

『永遠の星座　宮崎大宮高校１３０年』刊行によせて

宮崎大宮高等学校
校　長　飯　干　　賢

本校１３０周年記念誌刊行にあたり、ご挨拶申し上げます。

本校は創立１３０周年という喜びの年を迎えることとなりました。これも本校を支え育てていただきました望洋会、橘会、弦月同窓会の皆様やご家族をはじめ、地域の方々、旧職員、現在の生徒、ＰＴＡ、職員すべての方々のお陰であり、心より感謝申し上げます。

学校といたしましては１３０周年を祝う行事として、記念式典、記念講演等を行う予定であり、それに加えて宮崎大宮高校弦月同窓会が記念事業として、記念誌『永遠の星座　宮崎大宮高校１３０年』を刊行されることは、大変喜ばしく、ありがたいことであり感謝申し上げます。

本校は、尋常中学校として明治21年に設置許可され、同22年に開校、同32年に宮崎中学校と改称されました。宮崎高等女学校は明治29年に開校しております。幾多の変遷を経ながら60年が経過して、戦後の学制改革により昭和23年に県立宮崎大宮高等学校となり70年が経過しました。全国で6番目に多いと言われる、4万9400余名の卒業生は本校の伝統を築き上げてこられ、その伝統は現在も脈々と受け継がれています。

今回、この記念誌には本校の歴史、特に宮崎大宮高等学校となってからの先輩である卒業生の方々の学校生活や学業、部活動などの話がふんだんに盛り込まれており、70年間の歴史が年を追って書かれています。それは、その間の貴重な歴史の記録であるとともに、懐かしいクラスメイトの話から、あの高校生活の日々がよみがえってくる大切な資料であるとも思いますし、同級生だけでなく先輩後輩のつながりを深められ、母校への思いを強くし同窓生の皆様の強い絆となる宝箱であると確信しております。また、今後50年、100年と続く本校の発展の礎、原動力になるものに間違いありません。

さて、旧制中学の60年、新制高校の60年をそれぞれの節目とし、県内どこからでも生徒が入学可能となった通学区域撤廃が実施された平成20年からを、次の「大宮第三の時代」として位置付け10年が経過いたしました。現在、学びの質を更に高めるなどレベルの高い指導を目指し、教職員一同研鑽に励んでおります。もちろんこれからも、これまで脈々と受け継がれてきた「リベラルな校風」や「自主自律」・「質実剛健」等の大宮精神の良き伝統を引き継ぎながら、進化し続ける伝統校として「大宮ブランド」の確立に向け教職員一体となって、更なる魅力ある学校づくりに励んでまいりたいと考えておりますので、皆様のなお一層の御支援、御協力をお願い申し上げます。

　最後になりましたが、今回記念誌作成の御尽力を賜りました関係の皆様方に感謝申し上げますとともに、この記念誌刊行を機として、弦月同窓会がますます発展し今後も永久に絶えることなく有為な人材が輩出することと、同窓会会員の皆様の御活躍と御健勝をお祈り申し上げ、刊行によせる言葉とさせていただきます。

目次

第2章　継承と変貌

表紙絵：橋本俊雄（元宮崎大宮高校教諭）
カバー：「躍動大宮」金丸二夫（19回卒）

第1章

模索と躍動

新制宮崎大宮高校の誕生と展開

戦後の改革と新制宮崎大宮高校の誕生

昭和20（1945）年8月15日、第二次世界大戦は日本の降伏により終結した。敗戦後の占領統治のもと、政治・経済・社会とあらゆる分野でさまざまな改革が行われた。

教育界も大きな転換に直面した。同21（1946）年に「新教育指針」が示され、翌年に教育基本法・学校教育法が制定されて、六・三・三・四の新学制が開始、同23年には新制高校が発足した。

新制高校の発足にあたりGHQ（連合国軍最高司令官総司令部）からは、学区制・男女共学制・総合制という三原則が設けられた。そこでは、旧制中学校間の格差是正、教育の民主化と機会均等の実現、高等教育の普及が目指されていた。なかでも男女共学制は、男子も女子も教育上は機会均等であるという新制度の根本を端的に表現するものであった。地方の実情や意見を尊重して実施すべきとされ、男女共学を実施した高校は全国で63％であったが、その中でも宮崎県は県内全公立高校に実施した4県のうちの1県と、男女共学の取り組みは徹底していた。

総合制でも宮崎県の取り組みは先進的であった。宮崎県では新制高校として15校（宮崎大宮、宮崎大淀、本庄、都城泉ヶ丘、都城都島、小林、飫肥、吾田、福島、高鍋、妻、富島、延岡恒富、延岡岡富、高千穂）が発足した。旧制中学校や専門学校を総合・再編して〝総合制〟高校としてのスタートであった。さらに高城高校が新設され、延岡盲啞学校は県立に移管、県立盲学校は県立ろう学校の延岡分校と改称し、戦後の高等学校教育がスタートした。生徒数は全体でおおよそ1万2800人。特に、大宮、大淀、泉ヶ丘、恒富は2000人以上というマンモス校であった。

宮崎大宮高校は、宮崎中学校・宮崎第一高等女学校に、宮崎商業学校と宮崎女子商業学校の4校が合併して発足。宮崎中学校は県内初の県立中学校として明治22（1889）年に、宮崎第一高等女学校は同29（1896）年にそれぞれ発足した歴史をもち、宮崎商業と宮崎女子商業は専門学校であった。

宮崎大宮高校は普通・商業・家庭の3学科の総合制高校で夜間部・通信教育部も置かれた。初代校長には宮崎中学校校長だった野村憲一郎が就任した。生徒数は2700人、校舎は宮崎中学校校舎のバラック3棟を北校舎として2年・3年・北併設中8クラスを収容、第一女学校の校舎を南校舎として1年生と南併設中9クラスが入った。教職員約100人は事前の学級編制や、教室移動、カリキュラムの作成、環境の整備など大変な作業に追われたが、希望に燃えた生徒とともに、新しい時代の到来に意気揚々と立ち向かい、大きな変革を乗り越えていった。

戦後という時代が解放した青春のエネルギーは旧制宮中・第一高女を中心とした自治の動きに接ぎ木されて、過渡期のとまどいをも飲み込んで、さまざまなドラマを生み出し、今につながる宮崎大宮高校スピリッツの核となる部分を生み出していった。

第一節　新しい時代の風をはらんで

昭和24年元日の宮崎大宮高校正門と講堂

男女共学のカルチャーショック

昭和23（1948）年、宮崎大宮高校が誕生した。職員数約100人、生徒数約2700人というマンモス校でのスタートである。教育改革への対応と準備に時間がかかり開校は4月30日であった。何といっても生徒たちはもちろん、教職員にとっての大きな変化は男女共学開始であった。

いよいよ今日は開校日。校庭には男子生徒たちが整列して緊張の面持ちでその時を待っていた。

シーンと静まり返る校庭、そこへ校旗を先頭にセーラー服の女子生徒が粛々と入場してきた。間近にセーラー服の乙女集団を見た男子生徒からは「ウオーッ」という地響きのようなどよめきがあがった。「まるでジャングルの虎が吠えたような声だった。時代がかわったということを実感した瞬間でもあった。しかしエライ時代がきたな、とも感じた」と語るのは渡辺綱纜（1回卒　元宮交シティ社長、元宮崎産業経営大学教授）。旧制宮崎中学校時代に女子生徒とともに新聞を発行し、文芸誌をつくって戦後の新しい時代の到来を積極的に受け入れていた渡辺にとってさえである。これまで、女学校の運動会を覗けば謹慎、妹と歩いているだけでとがめられていた時代。「男女席を同じくせず」の生活をしてきた若者にとってはそのカルチャーショックは大きかった。一方の女子生徒も男子のどよめきに戸惑うばかりである。

昭和23年。新制宮崎大宮高校は男女共学でスタートした。
バラバラの服装、驚愕のぎこちなさが漂う１回生

全員が校庭に揃い、いよいよ開校式。朝礼台の野村校長が生徒に向かって「おはよう」と発

すると、女子学生は「おはようございます」とこれまでのように頭を下げて挨拶するが、男子学生は「おーす！」というなんとも野太く粗暴な挨拶。これまで聞いたことのない挨拶に、女子生徒が驚愕したのは言うまでもない。

開校式が終わると、新しいクラス・教室に分かれる。クラスは新3年生の場合、Aコース（政経）2組、Bコース（文学）1組、Cコース（理工）2組、Eコース（一般教養）1組、Gコース（家庭）1組の7クラス。2年生の場合は、それにH（商業）が追加された。

宮崎大宮高校初代校長の野村憲一郎

生徒は事前にこの中から自分の進むコースを決め、それに合わせてクラス編制が行われた。「政経や理工のコースはほとんど男子クラス。僕は文学クラスだったから男女半々ですぐ仲良くなったけど、男子クラスの奴らにはずいぶんやっかまれた。やっかんだ男子が僕らの教室の天井に水を撒くという珍騒動もあったりしたね。授業中にポタポタ水が落ちてきて避難したこともあるよ（笑）」と陶山豊（1回卒）。

バンカラと言われていた生徒がおとなしくなったり、おとなしくて目立たなかった生徒が急に饒舌になったり、おしゃれになったりと、男女共学は生徒にさまざまな変化を生み出した。生徒の意識や言動をも変える大きな波であった。

民主主義を体現。自治委員会の成立

昭和23（1948）年6月には最高自治委員会が成立した。今でいう総務委員会であるが、当時は生徒による学校自治の考え方が強く打ち出され、学校の最高執行機関であった。

自治委員は選挙によって選ばれた。選挙は5月31日に告示、8つのポストを目指して11人が立候補した。ポスター掲示に始まり、各クラスでの演説、昼休みになれば離れた校舎まで出かけていって行う「自転車遊説」なども盛んであった。6月4日には立会演説会が行われ、それぞれの公約を掲げて熱弁を振るった。11人のひとり、渡辺綱纜は「男女共学になり女子が着替えの時にすごく困っていたから、公約のなかで『女子用の更衣室を作ります！』というのをあげて訴えた」。

投票はその翌日に行われ、選挙管理委員会によって即日開票、正午には結果が発表された。3年生の男子5名、女子3名が当選、1位は980票、2位に680票もの大差をつけてトップ当選したのは前述の渡辺。「公約のおかげで女子の票をずいぶんもらった。少しの工夫やアイデアが大切なんだと思った」と語る。

告示から投票・開票までの一連の流れやスタイルは当時の高校では先駆的であり、全国的に

宮崎大宮高校初の秋季大運動会を開催。
このときの優勝は青軍だった

もトップグループに入ると評された。

初代自治委員長には渡辺が就任、その時の委員会各人の抱負は「学園自治」「文化活動」「スポーツ向上」「男女間の融和」「子供扱いは止めてほしい」など希望に燃えたものばかり。自治規定は全7章・39条からなり、組織は最高自治委員会、学校自治会（議決機関）、学級自治会、週番となっている。

制服の白線騒動

8月には講堂が竣工し、生徒大会も開催されたが、この開催についても職員と生徒代表で協議が紛糾するなど道なき道に進むことの大変さも痛感。そんななかで自治委員会の活動ぶりを示したのが「制服の白線」騒動であった。

新制宮崎大宮高校の制服は男子が詰襟の学生服に制帽、女子はセーラー服を着てのスタートだった。女子のセーラー服は、戦前の第一高等女学校の制服をそのまま受け継いだものだった

白線の数で意見がわれたセーラー服。
三本線のセーラー服は昭和28年までで、
翌年になると現在の制服に一新

帽帯３本の制帽。この
帽子に下駄が大宮スタ
イルだった

が、この時問題となったのが、制帽とセーラー服の白線の数。旧宮中と旧高女の関係者はそれぞれ旧制時代の一本線を押したが、生徒側からは男子は三本、女子は伝統の一本と三本で意見が分かれた。

男子の制帽に関しては、最高自治委員長であった渡辺綱纜が「我々は学園に自由と平和と正義の三つの精神を打ち立てなければならない。三本の線はその三精神を象徴するものである」と熱弁し、満場一致で三本線に決定した。女子は話し合いでは決まらず、投票の後、三本線に決定した。この白線については新聞部が号外を発行するほどの大事件であったという。

自分たちの学校は自分たちでつくる

新設の宮崎大宮高校生の「自治」の精神は、さまざまな場面で発揮された。戦後の荒廃からの校舎の復興、軍政下の理不尽な圧力、そんな困難のなかで生徒たちは新しい感覚で知恵をしぼって自分たちの学校をつくっていった。

新制宮崎大宮高校の何よりもさし迫った問題は校舎の確保だった。校舎は北と南の2つがあった。旧制宮中のバラック校舎3棟を北校舎とし、そこに2年・3年生と北併設中3年生が入り、旧同窓会館（図書館）を管理棟とした。南校舎は旧第一高等女学校校舎（現宮崎市立宮崎西中学校）に1年生、隣の宮崎商業校舎に南併設中3年生が入った。形は整ったものの、戦後再建もままならない時代、校舎は木造の年代もの、施設は整わず環境は劣悪だった。特に女性用のトイレや更衣室の不備は大きな不満となった。自治委員長選挙に更衣室新設を公約に掲げて当選する時代であった。

そんななか、立ち上がったのが自治委員会であった。委員長だった渡辺は「ある日、野村校長から『街を歩いているとピアノの音色が聞こえた。我が校にもピアノぐらい置きたいものだ』と言われた」。自治委員会でなんとかしようと資金集めをやって、学校に復興資金として献納した。そのお金でピアノの購入や生物室の実験セット、教室の障子をガラスに変更するなど学校のために役立ててもらった、という。「生徒も協力して学校を作っていった感じだね」と渡辺。自治委員会が楽団を作って各地で公演を行って益金を得たり、生徒もたくましく資金を調達して復興支援につなげていたのである。

軍政下での学校自治の象徴に、「塩川一雄先生の復学斗争」がある。この問題はふたたび渡辺の回想によると、以下のような経緯であった。

「英語担当で塩川一雄という先生がいた。旧制高鍋中学校から赴任してこられた先生で、授業がとてもうまく、先生のおかげで英語の学力は随分上がった。ところがある日、戦時中の発言が原因で軍政部により先生がクビにさせられた。生徒たちはその判断に怒りを爆発、先生の復帰を望む嘆願書を作って生徒全員がサインをして軍政部に持っていった。しかしクビが解けることはなかった。

我々は仕事をなくし給料がなくなった先生の生活を支えなくてはいけない、というわけで考えたのが英語の添削会だった。まず先生が英語の問題を作る。それを学校で謄写版で刷り、事前に募集していた会員にそのプリントを配る。翌日、会員が書き込んだプリントを集めて回り先生の所へ届ける。そして先生が毎日添削をされる。会員からは月謝を集め、それを先生にお渡しして生活の足しにしてもらっ

わかりやすい英語の授業が評判だった教師塩川一雄

た」。

全校生徒の約70パーセントが会に入るという高加入率を誇り、生徒は熱心にプリントに取り組んだという。生徒たちの復帰運動が実り、塩川は数カ月後に学校に戻った。生徒の温かな思いが自主的な活動へとつながった出来事だった。

スポーツに文化に活発な部活動

『宮崎大宮高校新聞』（第2号　昭和23年12月25日刊）に「1948年　5大ニュース決まる」という記事がある。新制高校が誕生したばかりで生徒の興味がよくわかる順位になっている。1位・男女共学の実施（491点）。2位・開校記念祭（240点）。3位・児玉、走幅跳で日本新（239点）。4位・最高自治委員選挙（147点）。5位・新講堂の落成（130点）。次点・校内放送の実施。

ここであげられている1位、2位、4位、5位についてはこれまで見てきたところだが、3位の「児玉、走幅跳で日本新」と次点の「校内放送の実施」の2つは、生徒の部活動にかかわるもので、そこへの注目の高さが当時の新制宮崎大宮高校生の誇りを伝えている。

新制高校で生徒たちが熱心に取り組んだのが部活動。現存する部活動のほとんどは宮崎大宮高校になって間もなく創部されている。戦時下ではやれなかったスポーツや文化活動ができる自由を精一杯謳歌した。押し込めていた欲求を吐き出すべく、部をかけもちして熱中する生徒も多く、学校は活気に満ちていた。

「日本新」の活躍に沸く

まず「5大ニュース」で3位になった「児玉、走幅跳で日本新」とは、陸上部に所属していた児玉一夫（2回卒）が、三地区対抗陸上で6メートル82という高校日本新記録を樹立したことをさしている。この記録は長期間破られなかったというが、それまでにも昭和23（1948）年全国競技大会で6メートル64、国体で6メートル71、と記録を伸ばして優勝し注目が集まっていたなかでの日本新であった。

昭和24年、第3回福岡国体で優勝した児玉一夫

昭和24（1949）年度の県民体育大会では児玉が100・200メートルで、800メートルでは

柳田晴雄（3回卒）、走高跳では吉村武彦（2回卒）がそれぞれ優勝し大宮勢の層の厚さを見せつけた。12月に宮崎－美々津間高校駅伝競走が開催され、宮崎大宮Aチームは3時間27分04秒で高鍋高校Aチームに24秒遅れで惜敗し2位。しかし翌年は県下高校駅伝大会（延岡－宮崎92キロ）や南九州駅伝大会で優勝している。

野球部は同23（1948）年の第30回全国高校野球東九州大会県予選で大淀高校を破り、本戦で鹿児島実業に5対0で勝利、2回戦の大分二高に1対0で惜敗した。バッテリーは堂園悦男（1回卒　元住友金属）－佐原正晃（2回卒　ダスキン佐原会長）。県内屈指のピッチャーと言われた堂園は、その後明治大学に進み、慶應キラーとして大学野球を沸かせた。

翌年、3年生になった佐原はまたしても東九州大会に出場、決勝まで進んだが、延長の末、臼杵高校に2対1で敗れている。「この年も惜しい思いをした。しかし、決勝までいけたのは運が良かった」と佐原。当時、県外での試合の際は米1升を持参するのが野球部の決まりだったそうで、試合の一方で時代背景を物語る話も残る。佐原は卒業後に、同志社大学に進み野球を続けたが体調を壊し退いている。なお、同12（1937）年、11年ぶりとなった甲子園予選に沸いた宮崎大宮高校では応援団が設立されており、以来、学ランを着た硬派な応援は伝統として引き継がれている。

その後、野球部は10回生が初の甲子園出場を果たしているが（甲子園出場については別項）、女子もこの年の第一回女子ソフトボール大会で富島高校を破って優勝を果たしている。

独自の工夫で活動を展開――文化部の活動

運動部の活躍とともに、開校当時の宮崎大宮高校の自由の空気を伝えるのが文化部の多彩な活動である。まず、5大ニュースの次点「校内放送」を担った放送部から見ていこう。

昼休みや放課後に軽やかな女子生徒の声がスピーカーから流れはじめたのは昭和25年前後からだった。明るくさわやかな声に誰もが手を止めて聞き入った――。放送部の活動が始まった。当時は学校からのお知らせや音楽の放送などが主な内容で、毎日のプログラムは放送部員で話し合って決めていたという。

戦中・戦後の旧制中学校では戦況に応じた連絡や事務的な内容を流すために利用されていた放送機器。マイクを握るのは教職員であり、生徒たちが自らの考えで放送をすることなどはなかった。新制高校になり放送内容も語りも生徒に委ねられ、部活動として成立、放送にも自由な空気が満ちていた。

次は新聞部である。「新聞発行が全国で〝学校初〟といわれたくて仲間に呼びかけた」というのは渡辺綱纜。旧制宮崎中学校時代の昭和21（1946）年に校内機関紙『弦月湖』（5号から弦月湖新聞、8号から望洋新聞に改名）の刊行を続けていたが、新制高校にかわったことで新たに『宮崎大宮高校新聞』として第1号を同23（1948）年7月に刊行した。しかし、学校から新聞部設立の了解が得られなかったため、野球部・弁論部・文芸部・ラグビー部などの仲間とともに「生徒文化向上部」を設立し、各部合同の機関紙として発行している。

第1号はガリ版印刷で「創刊の辞」や「野球部へのエール」、「最高自治委員会成立」、投稿などを掲載。さらに、創刊ということで県知事や宮崎市長などからの名刺広告、近隣商店からの協賛広告なども下段にはめこみ、大手新聞に見劣りしない様相だった。学校からの予算がなかったため5円での販売だったが、発刊日に校門で立ち売りすると飛ぶように売れた。「みんなこういう自由を待っていたんだなと思った」と渡辺は語る。

広告収入や販売収入を得たこともあり、新聞部の活動は幅を広げていく。来宮した元首相や

昭和23年7月に発刊された宮崎大宮高校新聞第1号。宮崎県知事の名刺広告なども入り、大人顔負けといわれた

社会党委員長に単独インタビューをしたり、県外へ取材に行ったりすることもあった。さらに、新聞部専属の「楽団青い鳥」を創設。演奏会を開催すれば、宮崎大宮高校のハーモニカバンドも参加して２０００人の観客で賑わうこともあるほど。益金は楽団の運営費や学校への寄付などに使った。

　これだけの活躍をして、５大ニュースに入らなかったのは不思議であるが、それまでの実績を引き継いでの活動の他、放送という新しい時代の媒体がもつインパクトの前に新聞は弱かったのだろうか。

　昭和24（１９４９）年の文化部の予算額最高は図書部で、新聞部、演劇部、文芸部、物理部、生物部、化学部、速記部、音楽部などと続いている。図書部予算は全て図書室拡充と新書購入代。

昭和23年の「くさかご」創刊号

　演劇部は本庄高校と宮崎大宮高校の合同音楽演劇会で県下に演劇部の実力を知らしめ、「文化の花として咲いてきた」と宮崎大宮高校新聞に記されている。

　文芸部は前年に「くさかご」を発刊し一躍クローズアップされ、後に「せせらぎ」とタイトルを変更し発刊が続いた。

速記部は開校と同時に創部され、速記に憧れる生徒約100人が集まった。顧問の藤原光雄の指導のもと、着々と力をつけて優秀な成績を収め、南九州の雄として君臨した。

音楽部は顧問の園山謙二指導のもと、NHKラジオでその名を世に知らしめ、県下各地に演奏旅行に巡回活動を展開していった。

引き揚げや復員者も多かった夜間部

昭和23（1948）年の教育改革は新制高校発足とともに、もうひとつの高等教育の場を生んでいた。県内15校の全日制課程に定時制課程11校（うち夜間課程3校、通信教育2校）が併置され、さらに同年10月には、水産・農業・家庭を中心に12校の昼間定時制高校分校も設置されている。定時制課程は、「高校へ進学できない青年男女に高校教育を」の理念のもと、特に、当時はまだ多かった中学卒業後すぐに働かなければならない若者にとって、大きな希望となった。

宮崎大宮高校には夜間課程と通信教育が併置された。同年7月1日、バラックの校舎で行われた夜間部第一回入学式には約100名が出席したが、中国や台湾からの引き揚げ者や予科練や兵学校などからの復帰組など、戦時下で青春時代を送った人も多く、年齢もバラバラだった。働きながら勉強という目的が明快なだけに、学びの意欲は高く、大学進学へつなげた生徒もおり、人材を多数輩出している。

東京弦月会元会長（現名誉会長）の河野昭（2回卒）は、台湾の高雄中学を卒業して昭和22（1947）年に引き揚げ、夜間部の3年に編入して2年かけて卒業した。「同じ引き揚げ者でも年長者ばかり。僕が一番下だった。みんな裸一貫で引き揚げてきてるから、向学心に燃え、目の色が違っていた。木造のバラック建て校舎、冬はすきま風が寒くて、ストーブを囲みながら授業を受けた。先生方も一生懸命だが、その熱意に応えようと生徒も必死だった」と当時の定時制の様子を語り、「私はこの時生徒会長だったが、人前で話すことが苦手だった。しかしそれではダメだと考え、演劇部を作ってその中にラジオドラマ部を置き、自分なりにトレーニングをして、人前で話せるように克服した。これが働きながら学んだ高校時代の大きな思い出」とエピソードを披露してくれた。

学区制の傷あと深く

昭和24（1949）年3月に併設中学は閉校、4月に同校の4回生が宮崎大宮高校2回生として入学した。学制改革により最も影響を受けた学年である。

新制高校2年目の昭和24年から2年間実施されたのが学区制。宮崎市郡内は大淀川を境に南側は大淀高校へ、北側は宮崎大宮高校へ振り分けられることになった。特に2回生にとってはすでに宮崎大宮高校に入学を済ませ通っていたのに、大淀高校や本庄高校へ転出させられたり、もしくは逆の場合もあった。

佐原正晃は宮中57期・宮崎大宮高校2期会刊行の『弦月の賦』のなかで、「宮中校舎の焼失で、旧陸軍の住吉兵舎の仮校舎時代、宮崎工業での二部授業、そして漸く新築になった宮中校舎に落ち着く間もなく大宮小学校との校舎交換授業等、まさに放浪時代」と当時を振り返った上で、「加えて米軍政の圧力による学区制導入に至っては心外にたえないものがあったと思う」と次のように書いている。

「やや弁解になるが、私は野球を続けたい一心と野球部再編成の為、何とか退部だけは避けなければと思い、城ヶ崎から橘通りの陶器店の店舗に住居を移転した。あるいは、養子縁組をした友もあった。しかしそれらの手段が満たされない友は、伝統そして光輝ある宮中から断腸の思いで去って行ったのである。これほど我々にとって（学友達にとって）不幸な事件があるだろうか」。

またある者は学区制で転出させられたが、やはり納得できないし宮崎大宮高校のことが気になる。そこである日、宮崎大宮高校へ行って授業の様子を見てみたらあまりの授業内容の違いに愕然とし、ショックを受けたという。「このままではいけない」と直感し、さっそく転入試験を受けて宮崎大宮高校に戻り無事に卒業した生徒もいる。

志をもって宮中に入学し、4年間を共に過ごしながら転校を余儀なくされた仲間の心中を思うと、今でも胸が痛むという。この施策は2年間しか続かず、在校生はそのままで昭和26（1951）年の新入生から適用となった。

この学区制はその後長い間、論議の対象となった。

智、情、意、体は永遠に。校歌制定

宮崎大宮高等学校校歌

長嶺　宏　作詞
園山　民平作曲

1
黒潮岸をあらひ
日の輝くところ
若き命はここに育つ
真理を探り夢は花咲く

あゝ　あゝ　永遠の星座
大宮　大宮　大宮
我等が学園

2
秀峰空をかぎり
雲かけるところ
清き心はここに芽ぐむ
美にあこがれ胸は波うつ
あゝ　あゝ　親愛の星座
大宮　大宮　大宮
我等が学園

3
清風森を流れ
気のすみたるところ
強き体をここに鍛ふ
善を行なひ力溢る

真ん中に校章が描かれた校旗。
校章は竹の葉と雪の結晶と光で
構成されている

あゝ　あゝ　栄光の星座
大宮　大宮　大宮
我等が学園

宮崎大宮高校校歌は昭和25（1950）年1月に制定され、2月に新校歌発表会と第2回卒業生を送る「さよならパーティー」を兼ねて披露された。第1回生の卒業式では、まだ校歌がなく寂しい式だったので2回生の式には間に合わせたいとの思いが実現した日だった。

校歌の制定では同24（1949）年秋から詞を募集、11月末に締め切ったところ応募総数は32点。郷土の作家・中村地平、詩人として活躍していた黒木清次と神戸雄一、教育界の重鎮で元旧制宮中校長の日高重孝の4名が審査し、元同校教頭の長嶺宏（元宮崎大学教授）の詞に決定。作曲は県内音楽界では馴染み深い人物で、旧満州国国歌や宮崎高等女学校校歌の作曲を手がけた園山民平に依頼した。当時宮崎大宮高校の教師であった園山謙二の父である。

この校歌募集に、前年に卒業して中央大学に進学していた1回生の生徒も応募している。渡辺綱纜である。「長嶺先生は東京大学文学部の出身。私は在学中に国語を教えてもらったが、授業は面白くて楽しみだった。先生の詞は素晴らしい。後に宮崎大宮高校が甲子園に出場した時に校歌が流れて、テロップで長嶺宏作と見たときは改めて感動したね」と語る。

また、4回生の谷道夫（本名　桑原道士　歌手・デュークエイセス）は、「なんと格調高い歌なんだと思った。日本に誇れる歌であり、気持ちが引き締まる思いがした。私は出だしの歌詞が特に好き」と語っている。

長嶺は「まず希望に燃えるもの、自由独立の精神、切磋琢磨する真理探求心、そして健全な体を考えた。智、情、意、体のことでもあり、これだけは失ってほしくないという純粋な思いをこめて書いた。若かったせいもあるが今読むと少々おもはゆい感じがするよ」と後年語っている。

さらに『大宮高校百年史』には「校歌は後輩に送るメッセージ」という寄稿もしている。

「われわれは戦争によって多くのものを失った。しかしどんなことがあっても決して失ってはならないものがあるはずだ。どんな強大な力でも壊されないものがあるはずだ。永遠に変わらないものがあるはずだ。それを求めるのが教育ではないか。そう思って、真・善・美というイデーに到達した。この校歌は、かつて同じ学校で学んだ一人の先輩が、後輩諸君へ贈る遺言である。最後につけ加えれば、真・善・美のイデーを包括するもう一つ大きなイデーのあることを忘れてはならない。平和である」。

敗戦後の占領軍政下、価値観の転換とさまざまな苦難の中での出発――。卒業後長い時間が経っても当時に引き戻してくれるのが校歌なのだ。

大宮スピリッツを胸に

昭和23（1948）年4月の開校から同25（1950）年2月の校歌発表までの新制宮崎大宮高校の2年間は、まさに変革期と呼ぶにふさわしい、数々のエピソードに彩られている。そこには新しい学校を自分たちで作っていくんだという気概があふれていた。

この時代を生きた卒業生はその後、県内外で活躍し多彩な人生を送っている。存命の人たちを中心に、卒業後のそれぞれの人生にスポットをあて、スタート時の宮崎大宮高校スピリッツを浮き彫りにしていきたい。

最初に登場してもらうのは、すでに学生時代のたくさんのエピソードを語った渡辺綱纜である。

渡辺綱纜

「やはりあの変革期、自分たちで作っていくんだという気概をみんなもっていた。後に出版された本のタイトルではないが〈何でもやってやろう〉というスピリッツがあった。学校はなんでもやれる雰囲気があったから、みんなの才能の開花につながった」。

宮中と宮崎大宮高校で培われたこの魂が、岩切章太郎（宮中20回卒宮崎交通創始者）との出会いから昭和30～40年代の観光宮崎隆盛のアイデアを生み出していったのだろうか。渡辺は大学を卒業後、宮崎交通に入社し、企画宣伝部に所属して観光宮崎を支えた。宮崎交通から宮交シティ社長・宮崎産業経営大学教授などを務め、観光宮崎を全国的に広めた立役者でもある。

渡辺とともに第一期自治委員会を担ったメンバーは、入江正國、中田昭雄、田中稔、河谷安代、杉田美代子、落合惠子、松井憲一の7名。田中稔は広島県副知事を務め、その後広島空港社長として活躍した。

新聞部は渡辺の他に、2回生が脇を固めた。金田浩一呂は産経新聞社に入り、夕刊フジの学芸部長やコラムニストなどで活躍。原田解はMRT宮崎放送に入社、取材がきっかけで県内の民謡にであい、民俗音楽研究家として知られる。著書に『ひえつき節の二十世紀～二十六文字がつづる秘境物語』などがある。野村昌平はダイエーの専務として活躍した。新聞部のOB組織「ジャーナル会」は2年に1回OB会を開催し、さまざまな年代の元部員たちが集まって楽しんでいる。会長を務めるのは6回生の岩切達郎（元宮崎交通社長）だ。

宮中56期・大宮1回卒で作る「五十六会《いそろく》」では、農林省から宮崎市役所に入り、後に宮崎市長となった長友貞蔵、小野田セメントの取締役で特別研究員だった河野俊夫、歯科医として地域医療に貢献し県歯科医師会会長も務めた野村靖夫、五十六会の幹事長として最後まで支えた川越義郎（元県商工労働部次長）、旭化成で新技術開発に従事しアイデアの宝庫と呼ばれた河野正志、日中友好商社に勤務し長年にわたって、日中友好を進めてきた南村志郎がいる。南村は周恩来や江沢民ともつながりを持ち、歴史の瞬間に立ち会ってきた。近年も北京と日本を行き来し、友好事業のボランティアに忙しい。

南村志郎

陸上では、宮中卒業でベルリンオリンピック1万メートルに出場し4位入賞を果たした村社講平（宮中32回卒）に続く選手として期待された2回生の児玉一夫がいる。高校時代にインターハイなどでも栄冠を獲得し、将来を有望視され中央大学へ進むが、古傷の関節炎が悪化し第一線を退いている。

野球部で活躍したエースの堂園悦男は、成績も野球も抜群だった。進学した明治大学でもエースとして、さらに住友金属に入社後も同様の活躍を見せ、後には監督としても手腕をふるっている。「堂園さんが3年生の時には『今年こそは甲子園にいける』と言われ、県内に敵なしといった様相。堂園さんの球は速くてズッシリしていい球だった」とバッテリーを組んでいた佐原正晃。佐原は同志社大学を卒業し、現在は自営業を営んでいる。セカンドを守った松岡尚彦（2回卒）は中央大学から東京地方検察庁へ進み、副検事、事務局長等を歴任、勲四等旭日小綬章も受けている。

音楽家として活躍したのは2回生の小沢泰。「学校のピアノはいつも小沢が占領していた」と友人が思い出すほど、ピアノにのめり込んでいたという。「当時、ハンガリー狂詩曲なんかを弾いていたが動作も大きく、迫力のあるピアノだった」と渡辺。大学卒業後は、「小沢泰とオルケスタ・ティピカ・コリエンテス」でデビュー。昭和30（1955）年前後のタンゴ・ブームのなか、一際目を引く若手集団として活躍した。また、三笠宮寛仁親王が後援会長を務めていたことでも知られている。

第二節　それぞれの自立への道をもとめて

教育環境の整備と新制高校の変容

戦後も昭和25（1950）年に入ると、世の中も敗戦後の混乱から抜け出し、落ち着いてきた。折しもこの年6月には、大戦後の米ソの対立を背景に朝鮮戦争が起こり、日本は前線への補給基地となり、産業界は特需をテコに復興を果たしていった。そして、同26（1951）年9月には、太平洋戦争の講和条約と日米安全保障条約が調印され、翌27（1952）年2月、日本は敗戦後の占領から独立し、国際社会に復帰した。

昭和23（1948）年にスタートした新制高校も、こうした戦後の政治社会が大きく転換していくなかで、教育環境を整える一方、制度面でも変容していった。教育現場にもさまざまな影響がもたらされたが、そうしたなか、生徒たちはそれぞれの自立への道を模索していった。

校舎の新築、教育環境の整備

昭和30年代の校舎で真ん中あたりが校門。
昭和30年代は校舎の整備が続いた

教育環境の整備は、戦後復興の象徴でもあった。新制中学校の設立、整備も終わり、昭和24（1949）年は宮崎大宮高校でも校舎の整備が始まった。この年、普通科と家庭科を北校舎に、商業科を南校舎に収容して始業式を迎えたが、9月には家庭科教室が竣工、同25（1950）年には第5棟竣工。同26（1951）年には南校舎を県立水産高校が使用することになり、商業科は北校舎へ移動。そして、同27（1952）年に弦月会館が完成した。

この後、同29（1954）年に理科室、調理実習室、30（1955）年には鉄筋校舎の東半分、31（1956）年に西半分、34（1959）年には食堂や給湯室、35（1960）年に体育館というように、新制高校から十数年

当時の寮の前で。生活を共にした仲間と

で、段階的に学校としての環境が整っていくことになる。

寝床から月が見える寮生活

ここで寮についてふれておこう。校内には男子生徒用に寮があり、遠方からの生徒が利用していた。校門から入って北奥、校舎の隣に位置しており、「鐘が鳴り始めて走れば余裕で授業に間に合う」ほどの距離である。旧制宮中時代からの建物で、屋根には穴が開き、かなりの年代物であった。部屋は2部屋、多い時には15人ほどが入寮していたという。

西米良村出身の吉良啓（7回卒　弁護士、宮崎日本大学高等学校理事長）は3年間寮生活を送ったが、「寝てると月が見え、雨が降ると水が落ちてくるという、ひどい建物だった」と寮での生活を回顧する。「生徒は五ヶ瀬・高千穂・椎葉・日南・串間・綾などから来ていて、自宅に帰れるのは年3回、寮費は月800円から1500円ぐらいの間で寮長が決めており、その中から味噌・醤油等の調味料、おかず代、寮母の手当等一切の費用をまかなっていた。そのためいつも寮生は腹ぺこ状態だった。食事の鐘が鳴ると一番に飛んで行って一番重い食器を選んで食べる者もいたほどだった」。

帰郷の際には宮崎から西米良までバスを乗り継ぎ4時間もかかっていたそうで、簡単に帰れる場所ではなかった。遠方の生徒にとって、それほど覚悟を持っての宮崎大宮高校進学であった。

総合制の崩壊と学区制廃止

新制高校の制度面にも変更が加えられていった。まず、男女共学とともに新制高校の理念の一つとなっていた「総合制」が行き詰まってきていた。総合制とはいうものの、コース別学科併設制で真の総合制追求の視点が十分とは言えなかった。昭和25（1950）年には、職業教育の不徹底について学校内外から声が上がり、専門教育を効率的・合理的な形で整備充実することになった。宮崎水産高等学校と延岡向洋高等学校（現延岡工業高校）が設置され、同27（1952）年には高鍋農業・高原畜産・日南農林・南郷園芸の農林業系高等学校が発足した。

一方、同26（1951）年には学区制がなくなり、大淀川以南と県北地域からの入学が認められるようになり、県内各地から宮崎大宮高校を目指すようになった。

バスケットボール部女子。生徒の制服を見てみるとセーラー服と現在の制服が混在する切り替えの頃。セーラー服が上級生

女子の制服も一新

大宮＝「バンカラ」と言われていた。高下駄に三本線の帽子、中には腰のバンドから手ぬぐいを垂らす輩も多かった。「高下駄を履いて、汚い服を着て、帽子はツバを折って頭の部分は破いたり生卵の白身や灰を塗ったりして光らせるのが流行っていた。新しい帽子よりも、使い込んだ雰囲気をかっこ良く思っていた」とは吉良啓。どこに行くのも下駄、街中で見かける下駄履きの学生は決まって大宮生であり、目印としても最適だった。

昭和29（1954）年になると、宮崎大宮高校の教育理念や具体的な指導内容が確立され、これに合わせるように制服も一新されることになった。女子はセーラー服から一変、合服は丸襟でクリーム色のオーバーブラウス、スカートはボックスプリーツ型、冬服は合服の上に着れる紺サージのジャケットになった。冬服は寒い日には下に着込める、卒業後も私服として利用できるなど経済性も考慮して決定されたという。夏服は白の半袖開襟シャツにグレーのスカート、というシンプルで涼しげなスタイル。「私は制服が変更になった年に入学。当時はストッキングが出始めた頃だったけど、履いて通学してもＯＫだった。風紀などに関してもおおらかな雰囲気があったからこそ、自分を律していくことにつながった」と語る木村衣（10回卒　英光株式会社取締役）。

時代とともに、ブレザーにネクタイ、チェック柄のスカートというかわいらしいスタイルに変更する学校が増えるなか、現在も当時と同じ制服が引き継がれている。伝統校としての格式を感じる制服に、卒業生からは懐かしがる声が絶えない。

ダンスパーティーと交際エチケット

この時期の宮崎大宮高校の歴史を語ると、必ず話題になるのがダンスパーティー。いつから始まったのか正確な記録はないが、男女共学を象徴しコミュニケーションをはかる場として定着していった。昭和25（１９５０）年の宮崎大宮高校新聞12号には、まだダンスに馴染みきれない生徒たちの様子が記されている。

「スクェアダンスは面白い立派なリクリエーションである。社交ダンスとは全然別個のものであることは確かである。生徒議会でも同好会として認めるか否かのところまで進んだが、現に認められている南校舎ではこのため非常に風紀が乱れつつあるとの発言から保留となった。

スクェアダンスに興じる生徒たち。ダンスは生徒の大きな楽しみになっていた

結局やる者の心構えと時間と場所との問題である。この三つがしっかりしていれば、ダンスをやるのには誰も異議なしである」。

ダンスに関して真剣に向き合う総務委員会や生徒の姿が見えてくる。

「12月にダンスパーティーが行われていたけど、私たちの時はフォークダンスだった。普段、異性と手をつなぐことなんてないから、みんな恥ずかしながらも盛り上がっていた。参加者も多く、盛大だった」と語るのは西松史子（6回卒）。

総務委員長を務めた石橋慎一（8回卒）は「総務主催でよくフォークダンスをやった。しかし、男子が恥ずかしがってなかなか踊りの輪に入ってこないから、僕は『水色のワルツ』というレコードを買ってみんなに踊ってみせた。補導部の橋口先生からは『おい!! 石橋、これはソーシャルダンスじゃないか』と言われたけど僕は『ワルツです』と言ってゆずらなかった(笑)。これがきっかけで、男子がポツポツと参加し始め、ようやくようやくダンスが定着していった感じだった」という。

「ダンスの時に、1学年上の先輩が生歌を歌っていた。とても上手で特に女子は大喜びしていた」。「中学の頃に比べ、男女間の距離が一気に近くなった感じ」と回顧するOGたち。

特に男子だけ、女子だけのクラスの場合は、男女の交流の場がなかったため貴重な社交の場でもあった。時代によって開催日時はまちまちだが、終業式やクリスマスなど行事の後に開催することが多かった。

また、ダンスパーティーで出会い、後々結婚に発展したカップルもいる。小岩屋敏(17回卒 日本昆虫協会名誉会長、日本蝶類学会理事)は「2歳下の嫁と出会ったのはこの場所。自由で開放的な雰囲気があった」と語る。

昭和25(1950)年、県教育庁が男女交際のあり方について「交際エチケット」8箇条を制定し各学校に配布。全国でも珍しい取り組みだった。以下、エチケットの最初の部分を紹介。

「交際エチケット」

文通はハガキで　写真交換はやめよう

1　容儀

よい身だしなみは、人柄の床しさをあらわし、人に安心感を与え信頼を深めます。特に目立つような服装をすることは、決して望ましいことではなく、自分の弱さを現すに過ぎません。

2　言語

親しいなかにも礼儀をもつことは大切なことであります。程よい敬語と明瞭な上品な言葉づかいは、その人の床しさをあらわします。

3　行動

『人のふり見て我がふり直せ』は日本の古い格言ですが、洗練された立居振舞は言葉とともにその人の人格をあらわします。

4　外出

通学は勿論その他の外出は両親や家庭に明らかにして学生の本分を忘れてはならぬと思います。

5　訪問集会

男女学生相互の訪問は色々な誤解を産むもとになりますから、両親や家族とともに行うようにありたいと思います。

6　通信、電話

男女学生間の通信は問題になり勝ちです。通信は特別に必要な場合は両親の許しを得て葉書ですることが望ましいと思います。

7　物品の贈答

学生の身分で男女間の贈答はなるべく避けるようにしたいと思います。特に写真の交換等は止めたいと思います。

8　スポーツ、読書、レクレーション

学生諸君の生命は發溂たる若さにある。溢るる元気をスポーツに向け、青空の下に大地を蹴る活発な運動は、諸君の健康を増進し品性を醸成するものと思います。

今では考えられないようなエチケットも見られる。男女共学、新しい時代に沸き立つ高校生、そのエネルギーや行動に戸惑う大人たち――いつの時代でも世代の対立は見られるのだが、この「交際エチケット」、どこまで受け入れられたのだろうか。

視野を国際社会に広げて

この時期、眼を海外に向けて、大学進学に挑戦する生徒たちも出てきた。占領下から独立へという時代背景をすばやくキャッチしていたといえよう。

昭和26（1951）年に卒業した3回生の青木賢児（元NHK理事、前宮崎県立芸術劇場館長、前弦月同窓会会長）は、「高校時代から東京に行くことは決めていた。平凡な日々の中で生きるより日本の中心に行って生活をする方が、人間として成長できるのではないかと考えていたから。しかし、父親が東京に行くのならば東京大学しか許さない、という条件を出したので、そこを目指して頑張った」と語る。しかし、受験したものの、あえなく不合格。落ち込むより、どうすれば合格できるかを考え、高校の先生に補習を願い出て、精進の日々を送った。結果、2浪の後に志望する東京大学に合格し、ようやく東京行きの切符を手にしたという。「私の弟が2歳年下で、現役で東大に合格した。兄弟で同時に東大合格というのが珍しいということで、日向日日新聞（現宮崎日日新聞）に記事として掲載されたのは愉快な出来事だった」と笑う。

念願の東京生活は驚きの連続だった。「東京は勉強の仕方も、暗記の仕方も宮崎と違う。なにより競争心を持った人の多さを知り、そういう生き方の大事さを学んだ。大都会、国際的な社会の中で生きていく上では大切なことだった」と語る。

青木の1年後輩で4回生の重久吉弘（元日揮株式会社社長・会長、前東京弦月会会長）はグローバルなエンジニアリング会社の社長を長く務めたが、大学進学にはいい思い出がないという。「私が高校時代に考えていたのは、もっと自分を向上させたい、社会にでたら偉くなりたいということ。だからよく勉強してライバルと競い合っていた。テストの時など、ライバルが気になると夜中に抜け出して、ライバルの家まで行って勉強部屋の灯りを確認していた。まだ電気が点いていたらライバルも頑張っているということ。負けられないから帰ってまた勉強するという調子だった（笑）」と懐かしむ。東京大学を目指していた重久の成績は学年で常に1、2番。自信を持って受験に臨んだが、なんと失敗。自分より成績が劣っていた友人らが合格し、受験の恐さを知った。「緊張感のなかで、本来の力が出せなかった。悔しくて、次にむけて東京の予備校に行った」。しかし、東京大学への思いはそのうち消え、慶應義塾大学へ進学している。

6回生の白石文夫（元立教大学原子力研究所教授）は、大好きだった数学・物理・化学だけしか勉強をしなかったという個性派。高校入学時に、趣味の登山でお金を使い果たし、英語と数学の教科書が買えなかった。しかし、数学は中学時代に兄の教科書で習得していたため不要、英語は休み時間に友達の教科書を転写して過ごした。数学の先生が言った「公式は覚える必要なし、自分で創れ」という言葉が、白石の胸を打ったという。卒業後は3年間、勉強をせずに宮崎の町や山を一人で見て回るという計画を立てていたが、家庭の事情もあって2年に短縮し大学へ。特定の教科しか勉強していなかったため、私立の立教大学物理学部へ入学、ここで放射能を専門とする礎ができた。

働きながら学ぶ厳しさのなかで多彩な人材を生む

ここで忘れてならないのが夜間部・通信部の生徒たちのこと。「教育の機会均等」を旗印に設置された夜間・通信部は、戦後まだ貧しかった日本の、働きながら学ぶ意欲に燃えた青年たちの期待にこたえて昭和20年代から30年代、多くの生徒に独自の学びの場をつくりだしていった。

体育祭の時、応援団として活躍した山田紘一。羽織には夜間をあらわす桃色の紋がついている

時代は前後するが、当時の夜間部の雰囲気を2人の卒業生に語ってもらおう。

山田紘一（10回卒　山田洗張店店主）は、「小学校の時から先代である父親の手伝いをしていたので、中学を卒業したら家を手伝うことに迷いはなかった。夜間部に通うというのは自然なことだった」と語る。学校には普通科・商業科があり、各30名くらいずついたと記憶している。女子生徒は各クラス5名ほどと少数。商業科の山田のクラスメイトも全員昼間は仕事をしており、中には先生と同じくらいの年齢のクラスメイトもいた、と笑う。

授業は夕方6時から8時30分まで、部活動生は10時30分まで活動した。山田は柔道部と応援部に所属し、柔道部ではキャプテンも務めた。応援部は体育祭前に昼間部との会議や頻繁な練習など忙しいながらも充実の日々を送った。「体育祭は夜間と昼間が合同で行い、夜間部は桃団が決まり。応援の時には羽織・袴にピンクの紋をつけて、田野町から大きな太鼓を借りてきて、威勢のいい応援をしていた。おかげで応援優勝をもらえたのは嬉しかった」。

また、9月15日は慣例の『観月会』で、総務主催でお菓子の配布などをしていたのも夜間ならでは。さらに、総務が声をかけて一ツ葉の浜への遠足や山登りに行ったりと、できる範囲、集まれる範囲で楽しんだりもした。また、総務は福岡や熊本の先進校を視察に行くなど積極的な行動も。当時培われた団結力は、卒業してもずっと続いているという。

宮崎市島之内で菓子店を営む山内英資（11回卒　ケーキファクトリーヤマウチ会長）は中学生の時に父親を亡くしたこともあり、中学を卒業すると就職。高校の大事さを分かっていたから通信教育を受けたが、単位の取得はなかなか難しかった。しかし、「社会では学歴が必要、社会で認められたい」との思いが強く、夜間部への入学を決めた。昼間に仕事をし、夜の勉強は自分との闘い。学ぶ意志の強さがないと続かないのが現状、辞めていく友人もいた。「この4年間は人生のなかでいい勉強になった時間」と振り返る。

夜間部での学びは、かけがえのない時間である。

才能を見出され磨きをかけた高校時代

表現の自由・文化やスポーツ活動など自らの興味を形にしたり、能力を試したり、やりたいことに熱中する生徒たちであふれた新制高校の草創期の多彩な活動は、前節に見たとおりだが、この時期にも生徒たちの活動は盛んだった。時代の大きな曲がり角だっただけに、この時期の生徒たちの活動は生き方を問うものともなり、その後の人生にも影響を与え、その後につながる動きがこの時期に始まった生徒も多い。

日本を代表する男性コーラスグループ「デューク・エイセス」のリーダーを務め、平成29（2017）年に62年間の活動に終止符を打った谷道夫（本名　桑原道士）は5回卒。NHKの「夢で逢いましょう」のレギュラー出演や『いい湯だな』『フェニックス・ハネムーン』などのヒット曲でも知られる、男性コーラスの第一人者だ。「私が音楽の道に入ったきっかけは大宮高校。音楽の顧問の池田玉先生に『声がいい、音楽の才能があるかもしれない』と声をかけていただいたから。音楽部に入り歌の練習を始め、音楽の時間や文化祭などでは披露の時間を作ってもらった。高校では個性を伸ばしてもらった」。小中学校の時にはもっぱら軍歌ばかり教えられたが、終戦を機に町に流れだしたアメリカの美しいサウンドに心惹かれ、いつしか洋楽を口ずさむようになった。「アメリカの音楽は七色の虹を見上げる感じで、大好きだった。学校でも独唱してみんなに披露していたけど、まだアメリカ音楽を知らない生徒が多くて、ノリはイマイチのことが多かった（笑）」。しかし、学校ではプロのヴァイオリニスト諏訪根自子を招いてコンサートを開くなど、上質な音楽教育を目指していたことがわかる。

8回生の見山靖代（宮崎県オペラ協会の設立メンバー、協会会長・名誉会長を歴任）は県内にオペラを根付かせ、音楽の楽しさや感動をたくさんの人々に提供してきた。

見山は高校時代、音楽部顧問の園山謙二に勧められて、音楽の道に入った。「高校になって一人ずつ歌わされた時、『合唱部に入れ』と勧められ、合唱部に入った。中学時代から音楽が好きでピアノや合唱はやっていたが、大宮高校合唱部の段違いの歌声に最初は驚いた。しかし共に歌えることの楽しさをすぐに実感した」。当時、宮崎大宮高校は宮崎県大会で優勝、九州大会の常連という強豪校だった。見山を音楽の道に誘った教師の園山は、後に県音楽文化賞を受賞するなど、ピアニストとしても活躍している。

当時の宮崎大宮高校は教師陣に優秀な人材を配置して芸術教育が施されていた。その甲斐もあり、幅広い人材を世に送り出している。

詩人として第一線で活躍する6回生の杉谷昭人（詩人、元高校教師）は、高校1年の時に高鍋高校から宮崎大宮高校へ転入。転入後すぐに文芸部に入部した。しかし、日頃から詩を書いていた杉谷にとって文芸部は平凡で物足りず、放送部にも入部してラジオドラマの脚本やアナウンスの原稿書きを担当、さらに演劇部にも入部し裏方として活躍した。この頃、現代詩研究会を仲間6人で立ち上げ、作品を印刷しては日々研究を続けたという。「読み書きが好きだったから、関われることには何でも首を突っ込んだ。大学に入ってからは自分が書いた詩を師事する先生に見てもらい、勉強や研究を重ねた。大宮高校時代はのびのび好きなことをやれていた」。

9回生の布施伊夜子は県俳壇の第一人者。高校時代は本を読むことが大好きで図書館に通うことが楽しみな日々を送った。活字が好きだったこともあり、知り合いに勧められて始めた俳句にのめり込み、神尾季羊主宰の「椎の実」や藤田湘子主宰の「鷹」に参加し力をつけた。現在は宮崎県俳句協会の顧問や県芸術文化協会評議員などを務める。「これからは高校生の若い感性を俳句に活かしてみたい」と熱を込める。

現在、バリ島に在住している画家の井山忠行（7回卒　画家）は、高校時代は美術部に所属。「3年の時には学校に行かず、自宅でずっと絵を描いていた」と笑う。美術部顧問の長谷場三夫先生からは美術に関する本や雑誌を貸してもらったり、絵について話ができる友人に出会ったり、恵まれた高校時代だった。井山より2学年上に、やはり画家として活躍した上村次敏（5回卒　画家）もおり、ともに美術部に所属し切磋琢磨した間柄である。現在も画家として、または絵画指導者として活躍している森山修（4回卒　画家）も出身者。

文化、芸術界にも幅広い人材を輩出していることがわかる。

文武両道――部活動

前節に見たように、新制宮崎大宮高校では運動・文化とも部活動が活発に行われた。そうした活動が実を結び、昭和30（1955）年になると部活動もさらに活発化、成績もまずまずで、存在感を放っている。

まず運動部。この年の県民体育大会は成人の一般をはじめ、県内高校から24校が参加、各種目で熱戦が繰り広げられた。学校別得点では1位延岡向洋、2位延岡恒富に次いで3位宮崎大宮高校で好成績を収めた。その中でも特に陸上の活躍は目を引いた。

〈男子〉

1500メートル／1位高穂　実　2位渡辺功人

5000メートル／1位高穂　実　3位黒岩勝義
110メートルジュニアハードル／1位西村三生　3位中原重憲
200メートルハードル／1位中原重憲　2位鈴木章生
走り幅跳び／2位金丸吾一郎
三段跳び／1位金丸吾一郎　2位中村安広
やり投げ／2位後藤茂章
〈女子〉
400メートルリレー／2位
円盤投げ／1位海老原ミエ子
やり投げ／2位海老原ミエ子
男女ともに好成績を収め、陸上は種目別得点では総合1位を獲得している。
体操部も男女での活躍が目立った部である。
男子一部／1位奥山繁樹
女子一部／1位中西順子　3位万福律子
女子二部／1位朝隈恭子

活躍が目立っていた体操部

さらにバスケットボール男子・女子優勝、バレーボール男子は準決勝敗退ではあるが好成績。バスケットボール部は、この大会後に南九州三県対抗大会でも男女とも優勝を果たした。その上、九州大会兼国体予選で女子は優勝を果たし国体出場を手にする快挙を成し遂げた。

全国に「速記宮崎大宮」を知らしめた全国優勝メンバーと杉谷顧問と先輩たち（昭和28年頃）

運動部に負けず劣らず文化部も活発に活動した。新聞部は相変わらず元気で学校の動きを的確に捉え、鋭い記事には定評があった。昭和30（1955）年には写真部との共催で校内写真展を行い、80点もの出品を得て盛況。また、第7回西日本学生新聞コンクールで企画賞を受賞。第4回から6回まで毎年優良賞を受賞していたが、三賞（優秀、企画、努力賞）に入ったのは初めてのことだった。

宮中からの歴史がある速記部は、宮崎大宮高校になってもそのまま引き継がれ、力を発揮していた。4回生の本田宏によると、同25（1950）年には全国で45位、翌26（1951）年には7位に順位を上げげた。本田は大学に入ってからも速記を続け、同30（1955）年の西日本学生速記大会では優勝した。

第一回宮崎県速記競技会では上級・中級・下級すべての階級で優勝を果たし、当時九州Aクラスとの評価を得ていた。昭和6年から続く全国高校生速記競技大会においても、9回生川崎憲一、16回生堀内遼一、17回生巻和泉ら宮崎大宮高校から速記日本一が誕生した。「大宮の速記部は先輩が後輩に指導して技術を引き継ぐのが伝統。このとき得た技術が自分も含め、後の仕事につながった部員もいる」と語るのは原田紀子（11回卒　速記士）。

演劇部は県の演劇コンクールで惜しくも2位であったが、実力は他校からも認められ、貫禄十分。

まさに文武両道を地で行っていた昭和30年頃の宮崎大宮高校であったが、部活動といえば、こんなエピソードもある。前に登場した白石文夫の思い出だ。

山岳部に所属していた白石は、年々減らされる部費に頭を痛めていた。そこで思いついたのが、総務委員になって部費に関して手を打つことだった。「我々山岳部は寒い雪山で必要な〝気付け薬〟の予算確保が大切。恥を忍んで総務に立候補した」と白石。幸い最下位であったが当選、おかげで例年並みの部費確保はできた。総務の思い出として、運動会の打ち上げは羽織袴で壇上に上がって御神酒をいただき、数人の先生方と肩を組んで踊ったり歌ったりと大騒ぎ。「その時歌った『デカンショ節』は今でも思い出す」と語る。

大宮スピリッツを磨いて

この時代の生徒たちの卒業後を見ていこう。戦後復興のなかでの新制高校発足という激動を経て、この時代になると、それぞれの目標を描いて、海外にも目を向けて幅広く多彩な道を歩んでいる。

青木賢児

山本友秀

3回生の青木賢児は東京大学に進学、当時から「新しいメディアの時代が来る」と予感し、大学卒業後は迷いなくNHKに入局、ドキュメンタリーを中心に日本や海外の素顔を紹介するなど活躍した。NHK放送総局長、NHK専務理事、NHK交響楽団理事長などを経て、平成5（1993）年、郷里に迎えられ宮崎県立芸術劇場初代館長に就き、「宮崎に一流の音楽を」との思いで宮崎音楽祭を立ち上げ育てた。宮崎に音楽文化を根付かせた功績は大きい。同じ3回生には東京大学を出て日本専売公社の研究員、その後南九州大学教授を歴任した山本友秀、宮崎太陽銀行頭取を務めた菊池銑一郎などもいる。

4回生の重久吉弘は大学卒業後に石油卸の会社を経て、まだ中堅会

重久吉弘

三上謙一郎

谷　道夫

社であった日揮に就職。その後、海外営業で実績を上げ、世界を網羅するエンジニアリング会社として、現在は80カ国以上で事業を展開する会社に成長し社長に就任した。近年、宮崎大宮高校を訪れた重久は「フェニックスを見ると懐かしさがよみがえる。今も高い目標を持って頑張っている後輩たちを見ると誇らしい」と語った。生徒の健やかな成長のためにと本を寄贈、学校では「重久文庫」として利用されている。

惜しまれて故人となったが、三上謙一郎は大学を卒業後、スタートしたばかりのＭＲＴ宮崎放送に勤務し、一貫して報道・制作畑を歩いた。その後鉱脈社に入り『死者を追って――記録・宮崎の空襲』などの著書を残している。同じく平嶋周次郎は宮崎日日新聞で代表取締役社長を務めた。著書に『卓上の虹――宮崎知ったかぶり』を残している。宮崎大宮高校１００周年では、『大宮高校百年史』の編集委員長を務め、三上とともに執筆者としても名を残している。

男性コーラスグループ「デューク・エイセス」のリーダー谷道夫（本名　桑原道士）は５回生。宮崎大学学芸学部に進むも、コーラスで生きていくことを志し上京。20歳でデューク・エイセスを作りデビューしている。「卒業後も大宮高校の縁は続き、先輩たちがいろんな人を紹介してくれたから音楽の世界でも根をはることができた」。岩村秀は東京大学進学後、有機磁性体の開発や分子機械研究などの第一人者。東京大学などの名誉教授である。

詩人の杉谷昭人は6回生。大学卒業後に高校・中学教師として県内をまわりながら詩作を続け、詩の芥川賞と称されるH氏賞、壺井繁治賞、小野十三郎賞などを受賞。現在も創作活動に余念がない。同級の白石文夫は立教大学・原子力研究所教授を務めた。その後は放射線検出器の開発や人体が受ける放射線の被曝線量を測定する計器、放射線検出器などの研究・制作を行い、放射線に関する教育等も随所で行っている。退職後は木版画制作に勤しみ、版画院の常任理事を務めるほどの実力者。宮崎交通社長を務めた岩切達郎や、川崎重工業社長・会長を歴任した田崎雅元、NHKの記者・解説委員から宮崎公立大学学長を務めた浜野崇好、県立宮崎病院院長だった立山浩道、宮崎大宮高

杉谷昭人

白石文夫

浜野崇好

校初のプロ野球選手となった友川賢次なども同期である。

7回生の長友契蔵はブラジル在住で農薬や肥料などの販売を行う経営者であり、ブラジル宮

吉良　啓

見山靖代

高橋政志

崎県人会会長も長年務めた。吉良啓は弁護士。宮崎県弁護士会会長なども歴任し、現在は宮崎日本大学学園の理事長も務め忙しい日々を送る。10回生の谷広海もブラジルに渡りホテル経営を手がけ、弁護士としても活躍した。

8回生の見山靖代は、宮崎大学特設音楽科に進み、その後音楽教師として中学や高校、大学で教壇に立ち、長年、音楽の指導に携わってきた。宮崎県オペラ協会を立ち上げるなど精力的な活動を続けている。画家の藤野忠利は自身の創作活動を行いながら、「現代っ子センター」を主宰し後進の指導にも忙しい。

9回生の高橋政志は宮崎大宮高校元校長で、校門脇にある自主自律の石碑の揮毫者。創立１１０年時の記念事業の一つとして設置されたもので、石は川辺ダム建設予定地から取り寄せた10トン級のものを利用、今も存在感を放っている。

アメリカに渡り数々の動物園で仕事をこなした川田健は、今も論文の執筆を行い、専門誌に発表を続けるなど活躍中だ。また、福音館書店刊行『しっぽのはたらき』という科学絵本で一般にも知られている。

第2章

継承と変貌

高度経済成長の時代を生きる

高度経済成長の〝光と影〟のなかで

「もはや戦後ではない」。昭和31（1956）年7月の経済白書はこう宣言した。敗戦後の日本を経済大国へと押しあげた〝高度経済成長〟時代の幕開け宣言でもあった。同30（1955）年から始まった景気拡大は〝神武景気〟と呼ばれた。すでに同年には東芝が電気釜を売り出して家庭電化時代の口火を切り、石原慎太郎の『太陽の季節』が芥川賞を受賞するなど、国民の生活は戦後の貧しさから抜け出し、消費文化の時代が始まっていた。

このあと同33（1958）年からの〝岩戸景気〟の波に乗り、安保条約改定とその反対運動の高揚という政治の季節も、「所得倍増」という経済成長・豊かな生活の掛け声に埋もれ、東京オリンピック開催と新幹線開通が象徴する経済発展を謳歌し、日本は世界第2位の経済大国への道をひたすらに歩んだ。

この高度経済成長は、昭和40年代後半のニクソン・ショックと石油ショックによる景気停滞まで続くが、しかし、この成長の裏ではさまざまな社会問題が発生していた。

何よりも、地方は成長によるシワ寄せを受けた。工業化・都市化を軸とする高度経済成長を支えるには大量の労働力が必要である。その労働力供給は地方が担わされた。中学を卒業した若者が〝金の卵〟ともてはやされ、集団列車で都会に就職していった。何回かにわたるその波は地方から若者を、さらに働き手を奪い、「過疎」問題を引き起こしていった。

さらに、この高度成長はまた、大量生産・大量消費社会の時代であったが、それと引きかえに「公害」を引き起こしていった。公害は地域の生活共同体を崩壊させ、工業地帯の都市住民の生活を奪っていった。

こうした高度経済成長の〝光と影〟は、昭和30年代から40年代にかけて青春を送った若者たちの生き方にも、さまざまな影響を与えた。経済成長によりもたらされた生活の高度化、そして第一次ベビーブーム世代の登場――何よりも高校教育が大きな変革期を迎えていた。大学進学率の増加、その一方で職業教育の要請のなかで、普通科高校の新設、職業高校の独立が進んだ。各高校でも授業時間や部活動をどうしていくかなど、課題は次から次に生まれた。

宮崎大宮高校生たちも時代の光と影のなかで、青春を謳歌しつつ悩み苦しみながら、それぞれの生き方を模索していった。

第一節　高度経済成長の始まりと政治の季節のなかで

昭和32年の商業科。この年で商業科の募集は停止になった

なくなった商業科

昭和32（1957）年4月、宮崎大宮高校から商業科が分離独立し、県立宮崎商業高校が開校した。そのため、商業科の生徒募集は停止され、11回生が最後の卒業生となった。商業科の独立により、新制高校の特徴であった「総合制」がほぼ姿を消した。

「商業科があった私たちの頃は、部活動も盛んで成績も好調な部が多かった。駅伝は全国3位、バスケットボール部の女子は九州大会優勝、柔道部も県でベスト4くらいには入っていたと思う。10回生は甲子園にも出場した」と高橋政志（9回卒　元宮崎大宮高校校長）。寺原博志（11回卒　吉野酒店相談役）は「私は最後の商業科生で、3年生のときは寂しい思いもした。クラスにはスポーツの部活に入っている人が多く、活動的だった。商業科がなくなって、弱体化した部もあったと思う」と語る。

同32年には文化サークルが25部あって約1200人が所属、体育サークルは17部で450人の所属が見られた。生徒数が2000人だったので、兼部している生徒を除いても70パーセント前後の生徒がサークルに所属していたと考えられる。結果から見てもこの頃のサークルは隆盛を極め、文武両道を地でいっていた時代である。

当時のサークルは以下の通り。

文化部

物理部、弁論部、新聞部、ラジオ部、美術部、生物部、映像研究部、速記部、写真部、ＥＳＳ部、タイプ部、茶道部、華道部、珠算部、経済調査部、文芸部、音楽部、書道部、化学部、数学同好会、編物同好会、郵便友の会、ラジオドラマ部、演芸部、ブラスバンド部

運動部

硬式野球部、体操部、水泳部、卓球部、駅伝部、軟式野球部、ダンス部、サッカー部、陸上

競技部、テニス部、バレーボール部、バスケットボール部、柔道部、剣道部、弓道部、山岳部、相撲部

第39回全国高等学校野球選手権大会で三国高校に勝って校歌斉唱。宮崎大宮高校の校歌が場内に流れ応援席も感動

初の甲子園出場！

「よくやった！」「これで甲子園だ！」

昭和32（1957）年7月31日、県営球場は大きな歓声とともに赤や青、黄色の紙テープが飛び交い歓喜に沸いた。宮崎大宮高校が甲子園初出場を決めた瞬間だ。

決勝の相手は一度甲子園を経験している強豪・高鍋高校。試合は大宮が2回に2点を先取したものの、4回に1点返される。大宮は7回に2点、8回に1点を加え、8回終了時には5対1とリード。このまま逃げ切るかと思った最終回、高鍋の猛攻が始まり3点を取られたが逃げ切って5対4でゲームセット。緊迫した試合を勝ち取った満足感や高揚感、そして何といっても悲願だった甲子園行きが決まった喜びに、選手はもとより観客

も沸き上がった。

当時、甲子園へ出場するには宮崎・大分・鹿児島・沖縄の4県で「全国高等学校野球選手権大会東九州大会」を行い、優勝校のみが出場できた時代。東九州大会に出られるのは各県大会の上位3校のみだから、甲子園までは相当長い道のりだった。この年の東九州大会には宮崎県から大宮、高鍋、大淀が出場し、決勝は県勢同士の対戦で注目を浴びての勝利だった。

宮崎大宮高校の甲子園での初試合は雨のため1日順延されて8月13日、対戦校は北陸代表の三国高校だった。この試合では大宮打線に火がつき、17安打を放って14対1で圧勝。続く2回戦はなんと、同名校対決。南関東代表の埼玉大宮高校であった。6対6で延長戦にもつれ、結局埼玉大宮が10回に決勝点をあげて勝利、宮崎大宮にとって惜しい結末だった。両校の力いっぱいのはつらつプレイに、応援団からは熱い拍手や声援が送られた。

応援席ではみんな立ち上がり、
熱のこもった応援をおくった

「甲子園はずっと目標にしていた舞台だったから、出場できたことは嬉しかったし、感動だった。球場に入るとさすがに足が浮わついて、みんなの口からも思わず『デカイ』『スケールが違う』との言葉が漏れていた。でも試合になればそう緊張もせずにプレイできたと思う」と語るのは、主将で3塁手だった安藤勤（10回卒）。当時、甲子園の砂を持ち帰ることは禁止されていたが、思い出にみんなほんの少しずつ持ち帰ったとの思い出も。

この時ピッチャーとして活躍した長田裕之（10回卒）は卒業後、プロ野球近鉄バファローズに入団、その後阪急ブレーブスに移り、昭和51（1976）年に帰郷するまでピッチャーとして活躍した。

この甲子園出場をきっかけに、宮崎大宮高校野球部からはプロ野球に進んだ選手も誕生している。その代表とも言えるのが、武上四郎（13回卒）。中央大学を卒業後、サンケイアトムズ（ヤクルトスワローズの前身）に入団、後には監督としても手腕を発揮している。

応援団も初の甲子園を満喫

「大宮の応援団はみんなバッチョ傘をかぶって応援した。暑さ対策には甲子園名物のかち割り氷が最高だった」と話すのは寺原博志。甲子園初出場を応援するため、総務を中心とした大応援団は甲子園へ乗り込んだ。移動は宮崎から大分まで列車、大分の九十九から連絡船に乗って大阪港へ向かい、そこからは貸切バスで駆けつけた。

ところが、1試合目は雨のため延期に。応援団は宮崎県の大阪事務所で待機となった。ここにはテレビが備えてあり、宮崎ではまだテレビが珍しい頃だったので生徒たちは喜んでテレビの前に座って時間を忘れた。「雪村いずみが出ていて大感激。来て良かったと思った（笑）」とは永野欣子（10回卒）の思い出。

また1回戦勝利後、2回戦が開催されるまでの間には「バス3台くらいに分乗して大阪・奈良の見物に出かけた」と、なんとも楽しい時間を過ごし、お金が足りなくなると自宅に「カネオクレ」の電報を打つ生徒もいたという。

球児に負けず劣らず、甲子園を違った角度で満喫した応援団。目的の応援では、神武様の格好をしたリーダーたちの掛け声に合わせて、みんなで声を嗄らして応援、甲子園で一緒に歌った校歌は一生の宝物になった。

昼休みのために早弁。校内食堂もにぎわう

3限目終了のチャイムが鳴ると大きな弁当を机に広げ楽しげに早弁をしている生徒たちが見られる。昼にはまだ早いが、腹が減っては話にならないとばかりに豪快な食べっぷりである。

休み時間のほんの10分という早弁タイムだ。

4限目が始まると、男子生徒が一人足りないではないか。しかし授業に来た先生も気にする素振りはなく授業は淡々と進んでいった。西岡泰三郎（14回卒）は「僕らは昼休みにソフトボールをする場所取りのために必死だった。他のクラスより早く場所を取るためには、3限目終了後に弁当を食べておいて、4限目が終わったら猛ダッシュ。さらに僕の友人は場所取りのために3限目終了後、グラウンドのホームベースで弁当を食べ、4限目はそのまま授業をさぼって外で待ってるわけ。おかげで、結構いい割合でソフトボールができていた（笑）」。男子生徒に人気があったソフトボールの場所取りは、知恵を絞りながら行われていたが、その一つが早弁であり、〝さぼり〟であったのだ。

早弁はどの学年でも日常化しており、「3限目が終わると弁当の時間だった。昼の時間にはたつみ食堂でうどんを食べたり、弁当はご飯だけを持ってきて30円でおかずを提供してもらったり。たつみ食堂にはよくしてもらったね」

昭和39年　白熱するクラスマッチ

とは寺原博志。そんな状況を見かねたように、昭和34（1959）年には校内に食堂が作られ、うどんの提供が始まった。素うどんは1杯15円。3限目に早弁をした輩や弁当が足りない生徒などの受け皿として賑わった。

エスケープにも寛大

授業中だというのに、空席が目立つ教室。朝のホームルームには元気に参加していた生徒はどこに行ったのか？

そんな光景がたびたび見られた。生徒が抜けだして行く先は神宮の杜や平和台が主流。または、部室に潜む生徒も。授業が「よだきい」時には、そんな場所でエスケープする生徒が見られた。何をするわけでもなく、友人としゃべって時間をつぶす。それが終わるとまた学校に戻って授業を受けるという調子だ。

一方、教師の方はまったくおかまいなし、気にせず授業を進めていくのが常だった。「友人に代返を頼んで抜けだしたことがあるけど、代返なんてすぐにばれるし、見ればわかるから。でも怒られるわけでもないし、なんにも言われない。いわゆる放任だった」と南谷忠志（11回卒　元高校教師、植物博士）。

同じく柴田紘一郎（11回卒　医師）は「僕は学校に行かず自然の中で過ごすことが多い生徒だった。いつも一人で空を見上げながら空想にふけっていた」と回顧する。高校時代は自由な時間を求めてエスケープの常連であった柴田だが、いよいよ進級が危ぶまれるほどの事態が訪れた。その時助けてくれたのは先生たちだった、という。「授業には出てこないが、これといった悪いことはしていないし、成績もいいから」というのが理由。それから自分の進む道を考え、目標を定めて勉強にも身を入れ、見事医学部に合格した。

「先生方は決めつけることはせずに、どんな時も生徒の自主性を尊重するやりかただった。だから僕のような人間も卒業できた」と柴田。放任でありながらそれぞれの自主性をいかした教育スタイルは、生徒の個性を伸ばし、のびのびとした校風の礎を築いていった。

昭和31（1956）年、小説『太陽の季節』が映画化され、各地で上映が始まった。若い世代の新しい生態を描いた作品であったため、学校によっては鑑賞禁止令が出されたところもあって、学生の間では物議をかもした。しかし宮崎大宮高校では禁止令は出されず、渡り廊下に映画の宣伝用ポスターが貼ってあっても先生方は黙認、個々の判断にゆだねるという考え方だった。「生徒たちにしてみれば、なんとなく大人になった感じ。だからこそしっかりした判断をしなければと逆に感じたね」と寺原は語る。

女子生徒がトップ当選！　改革も熱心に

この時代の雰囲気をよく伝えるのが、昭和35（1960）年の総務委員会選挙。宮崎大宮高校では自治活動の基盤となる生徒会は生徒全員が会員で、毎年1回の生徒総会で方針や計画を決める。総務委員会は最高執行機関である。総務委員は公選、生徒議会議員は各クラスの委員長で構成されていた。第1章で見たとおり、新制高校発足以来の伝統である。

第12期総務委員の選挙戦が始まった。定数8人（2年生5人、1年生3人）に対して15人の立候補者がたった。告示が済むと、熱い選挙戦の幕開けである。「昼休みには推薦人とともに各クラスを回って支持を訴えた。高校生ながら、本格的な選挙戦だった」と語るのは上原道子（14回卒　元県生活環境部長）。「地味で普通の目立たない生徒だった」と自己分析する上原だが、立候補を決意したのは担任の先生に背中を押されたから。「重箱のような人間になるな。柔軟性のある人間になれ。そのために、総務はいい経験の場になる」と言われ、挑戦を決めたという。

全校生徒を前にした立会演説会も無事に終わり全校を8選挙区に分けて投票。1・2区の家政科から開票が始まると、なんとその時点で「上原道子、当確」が出されたという。「びっくりした」のはもちろんだが、最終的に2位に229票もの差をつけてのトップ当選であった。しかし、「当時は女性が委員長なんて考えもしない。男子が委員長をするのが当然だった」。委員長は男子が、上原は副委員長を務めた。

当時は総務が主催することも多かったダンスパーティー

12期の総務委員会は大きな変革を行った。総務の二期制である。これまでの任期が1年間の一期制だったものを前期（6月～11月）、後期（12月～5月）と、一期の任期を6カ月とし、委員の負担軽減やさらなる活動の充実を図ることが目的であった。「総務になって初めて負担の大きさを痛感した。学生の本分は勉強であり、そこに支障がでてはいけない。進学校での1年は長すぎると感じた」と上原。先進校を視察するなどして、検討を重ねた上で臨時生徒議会を開き承認された。

「初めてリーダーシップをとる、という経験ができたのが総務。この経験があったから、その後はどこに行っても、何を任されてもとまどいなくやれた。その土台を作ってくれた」と上原は振り返る。総務が自治権を持ち、学校と協議しながら学校生活に関わっていった時代である。この二期制は現在の宮崎大宮高校でも継続されている。

昭和35年の新聞部。当時は政治問題なども取り上げていた

「高校生から見た安保問題」を新聞に掲載

昭和34（1959）年から同35（1960）年は、日本の戦後政治史にとって画期となる年だった。世に言う「安保闘争」（日米安全保障条約改定反対闘争）が全国的規模の大衆運動として展開された。とりわけ35年の5～6月は連日数万人のデモ行進で国会議事堂を包囲するほどだった。

結局、条約は改定され、その後発表された「所得倍増計画」のかけ声のもと、政治の季節は終わり、日本は高度経済成長をひた走っていくのだが、この時期、宮崎でも街頭デモが盛り上がり、その熱気は多くの青年たちに大きな影響を与えていたのである。

歌人の伊藤一彦は第14回生。迢空賞や読売文学賞、寺山修司短歌賞、斉藤茂吉短歌文学賞など主要な文学賞を受賞し、今や短歌界の重鎮として全国紙での選者やテレビでの解説、短歌教室、講演会などに忙しい。

昭和34（1959）年入学の伊藤の高校時代はまさに〝政治の季節〟だった。伊藤は新聞部に所属し、2年時は部長も務めている。当時の部員は各学年10人以上、全体で30人以上、年5、6回の新聞発行を行った。部長の時に「60年安保」が話題となっており、『高校生から見た安保問題』という記事を作成。安保問題に生徒全体が関心を持っているという主張で掲載したところ、先輩からは「もっとしっかりやっても良かった」との声が上がったという。

新聞部での活動が書く面白さや喜びを知るきっかけになり、部長として宮崎大宮高校新聞部を後輩にどう伝えていくか、どう発展させていくかなどを考え、哲学書を読み、ものを多面的に考えるきっかけを作り上げた時期にもなった、とは58年前の青春時代を振り返っての伊藤の述懐である。

大宮スピリッツを根底に

昭和30年代前半に高校生活を送った生徒たちの卒業後を見ていこう。戦後復興から高度成長へという時代のなか、卒業生たちは果敢に挑戦していた。その軌跡はまことに多士済々である。

木村　衣

川野幸三

10回生の木村衣は、高校時代は総務、近年は弦月同窓会初の女性副会長としても話題になった。「就任当初は同窓会の理事会をしてもなかなか人が集まらず苦労した。まずは理事会に出てきてもらうようお願いして回った」。働きざかりの理事たちも集まりやすいように、夕方からの会議には弁当を準備するなど新しいスタイルで同窓会の運営を担い、今の同窓会活発化につなげた。現在は自身の会社である㈱英光の取締役を務める一方で、「10回生のまとめ役としてイベントを企画しては同窓生と楽しむのが元気のもと」と笑う。「10回生みんなで、このえびの市の工房まで遊びに来てくれたことがある」というのは建築工芸家の川野幸三。現在、えびの市の廃校（旧上江小学校霧島分校）を活用して、工房を営む。一貫して県産材を利用した家具作りや建築を行い、通商産業大臣賞や内閣総理大臣賞、グッドデザイン賞など多数を受賞。「霧島の木はいいものが多いから、それを知ってもらうために活動の幅を広げたい。夢は木の文化の集大成をつくること」と語る。工房には作品がずらりと並び、木の文化への熱い思いが見て取れる。昭和42（1967）年に発足したフルトン男性合唱団創設に尽力したのは故大古殿宗三。県内唯一の男声合唱団として今も歴史を刻んでいる。

南谷忠志

柴田紘一郎

11回生の外山方圀は、同38（1963）年に保健体育科の教員として小林高校に赴任し、平成元（1989）年まで駅伝部のコーチ、監督を務め、全国大会に24回出場し、優勝4回、準優勝3回、3位3回という偉業を成し遂げた。高校退職後は、宮崎産業経営大学の教授としても教鞭をとっている。小学校教員だった綾部正哉は平成13（2001）年に退職後、椎葉村の一軒家で教育者を対象にした私塾「綾《りょう》心塾《しんじゅく》」を開設、多くの塾生が訪れ心や体の英気を養っている。南谷忠志は高校教員、宮崎県総合博物館の副館長などを歴任しながら、一方では植物の研究を行い、新種等の発見は60を超える。環境省希少野生動植物種保存推進員、日本植物分類学絶滅危惧植物問題検討委員会委員、宮崎植物研究会会長などを担当し、全国的な活躍を見せる。

医者の柴田紘一郎は、実はさだまさしの楽曲『風に立つライオン』のモデルになった人物。同曲は、若い頃に医療協力プロジェクトでケニアに行って2年3カ月を過ごし、そこでの経験や思いを、知り合いだったさだが歌にしたもの。その後小説化され、同27（2015）年には映画化もされ、多くの感動を呼んだ。「ケニアを体験し、人の命を預っているという使命感、人間が命のバトンをつないでいくことの意味を改めて実感した」。今でもこの思いを根底に持

やまさき十三

佐藤勇夫

佐伯　浩

って患者と向き合っている。

12回生には映画『釣りバカ日誌』の漫画原作者として知られるやまさき十三（山崎充朗）がいる。宮崎を舞台にした映画『あさひるばん』（2013年公開）では監督も務め、宮崎大宮高校の吹奏楽部や応援団がエキストラとして登場。「ふるさととは精神的なパワースポット」と宮崎への思いを語っている。

宮崎銀行の頭取を7年間務めたのは佐藤勇夫。平成不況といわれるなか、「特に企業の再生に力を入れた。お客様相談係という担当を設置し、企業の実情を見ながら企業診断を行い、その企業にとっていい道を一緒に探るということ。そのためには、銀行側も常に勉強をして力をつけておくこと、そして誠実であることが大切」と語る。宮崎生え抜きの宮銀頭取として、宮崎経済を支えてきた。

第17代北海道大学総長を務めたのは佐伯浩。高校時代は山岳部で、そのときに聞いた講演会で北海道の山々や北大の山岳部に感動し、北海道大学へ進学。そのまま同大学で研究を続けて総長へ。宮崎大宮高校生や宮崎出身の生徒が大学に来ることが楽しみのひとつであり、宮崎県人会の会長を務めるなど宮崎への思いは熱い。

120周年の式典では、記念講演の講師として後輩たちを前に若者に期待することなどを語った。

活動が活発な東京弦月会で会長を務めるのは藤田洋一、副会長は岡季子という12回生のコンビである。

13回生には緑魔子の芸名で活躍した石橋（小島）良子がいる。映画や舞台で独特の世界を演じた。プロ野球で活躍し、後には監督も務めた武上四郎も同じく13回生。

14回生の原田康子は銀座の銀巴里の専属歌手としてシャンソンの歌声を磨き、プロデビューを飾った。国内外でリサイタルを開くなど精力的に活動している。前出の上原道子は宮崎県庁初の女性部長就任で知られる。企画調整部、総務部、福祉保健部で課長・次長を歴任し、女性の活躍の場が広がってきたことを実感させた。井上恵子は箏曲生田流宮城会の大師範。現在も宮崎大宮高校箏曲部の講師として指導を続けるが、その歴史はすでに30年以上、母校への愛情あふれる活動である。

原田康子

伊藤一彦

「60年安保」の項で登場した伊藤一彦は、高校教員・県立看護大学教授として教壇に立ちながら、歌人として活躍。沼空賞・読売文学賞など受賞歴は多い。また高齢者や介護・支援を必要とする高齢者の生きがい作りのボランティアにも長年関わり、「全国ふれあい短歌大会」選者であり、作品集『老いて歌おう』の編集も行っている。若山牧水賞の選考委員、牧水研究会会長も務める。

第二節　大学受験競争激化のなかで

「進学校」への転身

前節の締めくくりの項で、総務委員会2期制移行について副委員長を務めた上原道子が「進学校での（総務の）1年は長すぎる（勉強に支障がでる）」と、2期制への背景を語っていたが、昭和35（1960）年を境にしての「経済の季節」の到来はまた、高校教育のあり方をあらためて問いかけるものでもあった。それまでも宮崎大宮高校は宮崎県を代表する進学校であったわけだが、この頃になると他の高校でも大学進学熱が高まり、宮崎大宮高校もさらなる「進学校」となるための対応を取り始めていたのである。

その象徴が、同年から明確になった7時間授業であり、同37（1962）年からスタートした補習科だった。いずれも生徒の学力向上、大学進学の向上を目的にした改革である。

一方、第一次ベビーブームによる生徒急増と高校進学率の上昇により、新設校開校が待たれていた。特に昭和37（1962）年を境に、一気に中学卒業者が急増するというデータが出ており、宮崎市内の県立高校は宮崎大宮高校と大淀高校をはじめ、大宮から分離独立した宮崎商業、大淀から分離した宮崎農業高校とあったが、普通科があるのは大宮と大淀のみ。しかもその2校の学力差は歴然としており、宮崎大宮高校受験は特に狭き門となっていた。

同年県教委は、大淀高校から普通科を分離して大淀第二高校（同年12月に宮崎南高等学校と改称）を新設。同時に、学校間の格差是正を目的とした、合同選抜制度の導入という対応も生み出していく。

宮崎大宮高校も宮崎を代表する進学校として大学進学率の向上を図っていくのである。

7時間授業

昭和35（1960）年になると7時間授業が始まった。隣県の進学校が7時間授業により効果を上げているとあれば、県下トップの進学校としては、その流れを取り込みたいとの思いは当然であったと考えられるが、生徒にとっては長い長い授業時間だ。

東京大学農学部に進んだ小岩屋敏（17回卒　日本昆虫協会名誉会長）は「幼少の頃から昆虫が好きで、よく虫捕りをしていた。自然が好きだったから高校時代は3年間山岳部に入部。よく練習もしたし、いろんな山に登った。昆虫研究をやりたい一心で東京大学を目指した。けれど、行ってみたらちょうど学生運動のまっただ中。ほぼ1年間は授業がなくて肩すかしを食った感じ（笑）」。

昭和39年の授業中。7時間授業を行い
受験戦争も激しくなってきた頃

地元志向者は宮崎大学、県外では東京大学や京都大学など難関大学への進学者も毎年出ており、進学校としての地位を確立し始めた。昭和35（1960）年度卒業生の進学状況を見てみると（一部）、北海道大学2（4）人、東京大学1（2）人、一橋大学2人、京都大学3（7）人、神戸大学3（4）人、九州大学15（15）人、宮崎大学64（83）人、慶應大学2（5）人、早稲田大学（8）人、中央大学6（11）人、法政大学6（7）人、上智大学（4）人（※カッコ内は既卒者の数）。

この数字を見る限り、7時間授業を始める前でも成績が劣っていたわけではない。ただ、全国に押し寄せてきた受験戦争の波に勝っていくための対策を早々に立てたものだった。

7時間授業の効果が初めて試された昭和37（1962）年は、国公立大は現役合格114人で、東大、京大、一橋大、宮大など有名校進学も多かった。同35（1960）年は126人だったことを考えると効果としてはイマイチ。しかし、有名私立大学への進学は過去を上回る内容であった。国公立大一辺倒から私立大学への進学も増加してきた頃である。

昭和40年代になると、ますます受験戦争は激しさを増す。佐伯一郎（19回卒　元高校教師）は「昭和38（1963）年に創設された宮崎南高校は、『川向こうに追いつけ、追い越せ！』とのスローガンのもと、大宮を意識して頑張っていた。南高は受験日になると、受験生が乗る受験列車を駅で見送り。のぼりや旗を立てて威勢よく送り出していたそう」と笑う。

浪人生を支え続けた補習科

昭和37（1962）年、宮崎県で初めて宮崎大宮高校に補習科が設立された。補習科は、大学受験の浪人生を受け入れる、いわば予備校的な役割を担う場。大宮卒業生ばかりでなく、他校からの希望者も受け入れて、初年度は生徒数61人でのスタートだった。

「私は補習科の1期生だったけど、補習科へは大宮のプライドを持って下駄履きで行っていた。教室は今の体育館のところあたりで分室といった雰囲気。みんな仲間意識があって一緒に切磋琢磨した感じ。先生方も大宮の教員だから勉強と同時に精神的な支えにもなってくれていた」と語るのは吉田暎彦（14回卒）。在校生と一線は画しているけれど、テストは同時に受けて成績も在校生を含んで貼り出されていた。「僕らは復習のはずなんだけど、なぜか現役の方がよかったりして（笑）、刺激になった」。当時は授業は昼まで、午後からはフリーの各人任せ。図書館に行き夕方まで勉強を続けたりしたという。

昭和44（1969）年に在籍した佐伯一郎（19回卒　元高校教師）は「私たちの頃は100人以上在籍していた。文系と理系2クラスに分けられたが、ギュウギュウ詰めだった」。プレハブ2棟が教室で、夏の暑さは大変なもの。「昼休みにはホースでトタン屋根に水をかけてた」というほど強烈な暑さに悩まされたという。授業は6時限目まであり、自分が必要な教科にのみ参加するスタイル。補習科での勉強はあまり熱心ではなかったというが、ほとんどの生徒が希望大学への進学を果たしている。

時代は随分新しくなるが、平成11（1999）年に卒業した梅﨑哲矢（51回卒　医師）は医学部受験に失敗、1年間補習科に通い見事医学部に合格した。浪人が決定した時は、県内に医学系予備校がないため、県外で寮生活をしながら予備校に通うか、自宅近くの塾に行くか、補習科に行くか、という選択肢に迫られたそうだ。梅﨑は「私の時代の補習科は弦月会館で授業を受けていた。高校生の頃は、弦月会館に行くと大学受験を失敗する！　という根も葉もないジンクスが囁かれていた（笑）。おかげで現役生が近寄らず静かで（笑）、さらには当時は現役生の教室に無かったクーラーがあったのでとても快適だった。授業は6時限目までしっかりあり、体育も週に1回はあった。大宮の先生方が指導して下さり、この時改めて勉強の仕方や楽しさに気がついた」と語る。補習科で学んだ1年は自分の勉強スタイルを見つけ出した大切な時間となったのだ。

補習科は生徒数の激減、予備校の増加、教師の負担軽減などの理由から平成18（２００６）年、44年の歴史に幕を下ろした。在籍した生徒数は３８５６人、補習科の果たした役割は大きかった。

現在の弦月会館が補習科の教室だった頃もある。目標にむかって努力の日々を過ごす仲間と。左端が梅﨑

部活動の停滞

こうした進学体制の強化は、部（クラブ）活動には影響が大きかった。すでに、昭和34（１９５９）年頃から7時間授業の導入に伴う勉強との両立困難などが理由となって、部員不足が見られ始めた。特に運動部に顕著で、

練習に影響が出る部もあった。

同年には「クラブ促進委員会」が「クラブがクラブとしての活動を維持し、常に向上すること」を目的に、クラブ活動の安定化を望む生徒の声で生まれたが、活動の目的や内容がはっきりせず数年で衰退していった。

一方、学校側は「部室管理規程」を明示。これは体育館の建替えの際、校舎の払い下げを受け、その中の部屋を各部に配分したことに伴うものだった。そのなかに、「部室の使用時間は原則として放課後より午後5時までとする」という文言に批判が集まった。7時間授業の終了は午後4時20分だから、ほんの30~40分の活動時間ということになる。果たしてこの時間で十分な活動ができるのか、と論議を巻き起こした。

「30分では部活動そのものが何であるかを考えさせられる。クラブ活動は無意味といえるものがいいようか。勉強のためなら何物をも認めまいという考えが少なくとも今の高校にはおうおうにしてある」と宮崎大宮高校新聞には記してある。このような学校の姿勢も部活動停滞へ拍車をかけていたのかもしれない。

当時の野口逸三郎校長は「一定時間を最大限に活用することが最良の解決策」と7時間授業は継続された。

下駄履き禁止令に大紛糾

「バスケットシューズを買ってもらったから、それを履いて行ったら、先輩から怒られた。だから翌日からはまた下駄を履いて通学したよ」と笑うのは佐藤勇夫（12回卒　元宮崎銀行頭取、現相談役）。「新しく下駄を買ってもらったときは、かっこ悪いからわざと汚して履いていた」とは西岡泰三郎（14回卒）。石橋茂（16回卒　おでん処よんしゃい店主）は「入学して先輩たちの靴箱を見たらずらりと100円の下駄が並んでいて、バンカラだなと思った」と、下駄履きの思い出はそれぞれだ。

バンカラといわれた宮崎大宮高校生の象徴は下駄。しかし昭和37年に禁止されている

下駄履きは宮崎大宮高校の男子生徒の伝統である。戦前・戦後から続く独特のファッションで大宮生の象徴であった。

ところがそんな生徒たちを揺るがす大事件が起こった。「下駄履き禁止令」の宣告である。

昭和37（1962）年4月の新学期、「本日より下駄履き禁止」が突然、学校から出された。多くの生徒が耳を疑い、不満を口にしたことは言うまでもない。この頃、クラスマッチの時間短縮や新部室管理規程などが続いていたところに、下駄履き禁止令まで出され、規制強化と感じ不満を募らせる生徒は多かった。そこに雨のため全校遠足が中止になったことが重なり、生徒たちの不満はいよいよ爆発寸前となった。

同年5月、総務委員選挙立会演説会で3年男子が下駄履き禁止について質問をしたことに端を発し、生徒と総務委員会で激しい議論が始まった。立会演説会は中止となり、下駄履き禁止反対を唱える3年生約80人は場所を移し、総務委員、顧問教師を交えて更なる話し合いを続けた。着地点が見つかるどころか、翌日に控えた総務委員選挙の投票ボイコットを言い出す生徒も出る激しい状況だった。結局、立会演説会を翌日に再開すること、下駄履き禁止に関しては別の日に生徒議会を開いて討議することを決定した。

生徒議会は、傍聴席が満席になるほどの関心の高さを示した。議論の末、生徒の決議文を作成し、職員会議で伝えることになった。しかし結果は、下駄履き禁止令が覆ることはなかった。生徒たちの思いの根底には、学校側の一方的なやり方への不満や自主自律を侵しかねない状況への反発も大きかった。下駄履き禁止は保健衛生上の問題や、交通安全面での配慮、他校生徒との整合性などの観点から学校側が導入に至ったというが、伝統も時代の流れには逆らえなかったのだ。

当時、橘通西4丁目にあった『甲斐履物店』の息子の甲斐敏彦（17回卒　日機装株式会社社長）は「実家は下駄を売っているのに、僕の学年からは禁止令が徹底され下駄への愛着がみんな薄れていった頃。戦後は宮崎大宮高校のおかげか（笑）下駄が売れたけど、時代の流れを実感した」と語る。

宮崎大宮高校男子生徒＝下駄履きの図式は、昭和37（1962）年をもって幕引きとなった。

燃えた学校祭とクラスマッチ

昭和38（1963）年の文化祭はことのほか賑やかな開会で始まった。来賓のあいさつに立った小高秀二校長に、「祝辞は3分」と生徒が迫り、3分過ぎたら生徒たちが体育館の床を踏み鳴らしたり、太鼓をドンドンと打ち鳴らしたりもした。文化祭は生徒会主催のため、校長も招待という立場であった。

学校祭は年に一度のお祭り。文化祭と体育祭があり、体育祭は県営グラウンド（宮崎市錦本町）を使用して、文化祭は学校で、それぞれに趣向を凝らして実施された。どちらも生徒たちが主体的につくりあげていった。生徒の腕の見せ所である。

杉田浩一（15回卒　元宮崎県ジェイエイ食品開発研究所所長、農学博士）は「私は音楽が好きで一応合唱部に所属していた。フォークギターを弾いていたから、文化祭では古賀政男メドレーをやろうと思って準備をしていた。しかし、ステージの予選で「子どもが弾く曲じゃない！　ふさわしくない」と却下。でも諦めきれずに、当日のステージで『湯の町エレジー』を弾いて歌った。そしたらみんなから歓声が沸き、紙テープも飛んできた（笑）」。このステージをやったことで、表現することのおもしろさに気づき、大学進学後もクラシックギタークラブを立ち上げるなど音楽に関わった。現在もコーラスグループで活躍中、人生に彩りを添えるものとなっている。

昭和38年の文化祭にて『北上夜曲』を披露する
松野たちのグループ。左から2番目が松野

松野隆（16回卒　元教員、元宮崎市教育長、九州地区市町村教育委員会連合会会長）も、文化祭のステージを賑わせた思い出がある。「友人5人で『北上夜曲』をやろうと考えて、先生方に話したら反対の声があがった。一度はあきらめたけれど、やっぱりやりたくて実行。15チーム出場したなかで5位入賞を果たした」と語る。

自由で闊達な青春の1ページ。さらに文化祭ではお楽しみのダンスパーティーも華やかに行われ、これを機に交際に発展するカップルもいたとか。

岡季子（12回卒　東京弦月会副会長）が覚えているのは、体育祭の後に同級生が中心でやったファイアーストーム。「もちろん学校には秘密で、応援団が中心でやっていたように記憶している。燃やす木をリヤカーで運んだり、準備も楽しくまとまっていた。消防署に届出を出すあたりは、しっかりしていた。火を囲んで歌ったりして青春そのもの」。後に首謀者たちが教師たちに怒られたという話もあるが、それを分かっていてもやってみたいのが青春である。

他に学校の主な行事としてクラスマッチがあり、バレーボール・ソフトボール・バスケットボールに分かれてクラスの威信をかけて熱戦が展開された。また、夏には50メートルプールで水泳大会、冬は長距離離走とあった。

県営グラウンドで行われていた体育祭。出番がない時はクラスの応援に。左端にはクラスの旗がある

思い出多い弦月湖

現在、学校の南端に位置しているのは図書館と弦月会

館。そこに隣接するように宮崎東高校と宮崎市青少年プラザが建っている。この場所が多くの生徒に愛された弦月湖跡地である。

昭和39（1964）年に埋め立てられるまでは旧制宮崎中学校から宮崎大宮高校の学校シンボルとして知られるが、当時は湖畔にあるハゼの並木道は茂るにまかせ、湖面には葦の枝が乱立し、美しいとは言い難くなっていた。

しかし生徒たちにとっては憩いの場、音楽を奏でる場、おしゃべりをする場。さまざまな場面で利用されてきた思い出の場所だ。「アコーディオンの上手な生徒の音色にあわせてロシア民謡を歌ったりしていた。するとみんな集まってきて大合唱。時には総務主催のダンスパーティーをし、有料チケット制にしたこともあった。チケットで得たお金は、総務が責任を持って部活動の遠征費として各部に振り分けていた。当時は総務が、部活動の予算編成をしていたからね。遠征費などのためによくやっていた」と語るのは総務であった寺原博志（11回卒）。湖畔に響くアコーディオンの音色はまさに青春そのもの。歌とダンスに興じ、男女の交流なども普通に行われていた。

青春の思い出が詰まっていた弦月湖

西岡泰三郎には忘れられない弦月湖の思い出がある。掃除時間が終わり、みんなが教室に揃った。「お前、顔がはれちょる！」「お前もやが！」、そんな声が飛び交い、教室内は大騒ぎ。すると約半分の生徒の顔や体が赤く腫れ上がってきたのだ。腫れ上がってきた生徒たちはみな、弦月湖近くの掃除場所の連中である。聞けば掃除時間にハゼの実を投げて野球をして遊んでいたという。楽しんだ後に大きなツケが回ってきた。

担当の教師は顔を見るなり「誰がやった？」と尋ね、首謀者が手を上げると「今日は、もう帰れ」と怒られたが、なんとその首謀者、何を思ったか教室のみんなに向かってハゼの実を投げつけるという行動に出た。教室内は大パニック、みんな三々五々逃げまわった。自分だけが怒られることに不満を持った首謀者の精いっぱいの抗議であったのだが、この事件がきっかけとなり、弦月湖のハゼノキは切られてしまった。悪ふざけも度を越していたが今では笑い話である。

弦月湖は数千年昔、大淀川が下北方の台地から神宮のある付近を流れていた頃の名残である。昭和39（1964）年の埋め立て時には賛否があったことを、宮崎大宮高校新聞でも伝えている。旧宮中校長であり弦月湖の名付け親の日高重孝氏は、「弦月湖は勉強、運動に疲れた学生が、頭をやすめたり思考にふける、疲れをいやす等本校生の憩いの場である。でも、今のままの弦月湖では考えるべき点もあるにはあるので、どうしても埋め立てるのならせめて一部でも残し、池垣でも作り東大の三四郎池のように、文字通り学生のいこいの場としてほしい」と言葉を残している。埋め立て反対者の言い分はたいていこのようなことであるが、これに対し賛成者の理由は、「弦月湖はドブみたいなもので蚊が発生したりして衛生上、風紀上にもあまりよくない、というのが大部分である」と記している。

旧制宮中時代から親しまれてきた弦月湖。総務立候補者の公約に「湖畔美化」を掲げる者がいるなど、宮崎大宮高校生にとって忘れられない場所であったことは確かである。

大宮スピリッツを抱いて

この時代に高校生活を送った生徒たちの卒業後である。誕生したのが敗戦の昭和20(1945)年前後、高校生活を送ったのが「政治の季節」の熱気のあと。時代の変わり目の小さなエアポケットを刻印された時代である。

杉田浩一

15回生の杉田浩一は宮崎県ジェイエイ食品開発研究所所長を務めた農学博士。その間、宮崎大学客員教授に招聘された。「食と健康」をテーマに食品の開発を続けて50年。食品開発研究所では宮崎県産の紫イモにこだわり、発酵方法にもこだわった紅酢を作り、「みやざきの

石橋　茂

松野　隆

菅　邦男

紅酢」「肝康酢」などを開発した。日本食品科学工学会技術賞等を受賞し、飲む健康酢開発のさきがけとなった。宮崎県工業技術センター所長を務めた中島忠夫も15回生だ。

16回生の石橋茂は高校時代は総務委員長。現在は中央通で「おでん処　よんしゃい」を営み、「安心して気楽に立ち寄れるお店でありたい」とカウンター越しに立つ。宮崎大宮高校ＯＢの常連も多いが「たまたま来られた方が、大宮高校出身と聞くと親近感が湧く」。松野隆は小学校校長を退職後、宮崎学園短期大学教授として教鞭をとり、その後は宮崎市教育委員長を務めている。「どこにいても大宮高校のことを耳にすると励みになる。弦月同窓会でみる現役の応援団には、連綿と受け継がれている伝統を感じて、胸が熱くなる」。中馬章一も総務委員長の経験者。県職員から、みやざき観光コンベンション協会専務理事を務めた。現在は川南町モーツァルト音楽祭実行委員会運営委員長としても活躍中である。

17回生の椎葉晃充は椎葉村長で現在6期目。以前の取材で「大宮の精神である質実剛健を胸に、村民が安心して、穏やかに暮らせる村づくりを進めたい」と話している。菅邦男は宮崎大学名誉教授で、現在は宮崎国際大学で教授を務める国語教育の研究者。本が好きで高校時代も読んでばかりいたというが、『「赤い鳥」と生活綴方教育――宮崎の児童詩と綴方――』など著作も多い。

東証1部の日機装（東京）で社長を務めるのは甲斐敏彦。日機装は産業用特殊ポンプ・システム、医療機器、航空部品などを主力製品とする会社で、宮崎市高岡町に航空機部品の新工場を建設中で、2025年までには1000名の雇用を生み出すという計画。「すでに宮崎工場の人たちを採用し、各地の現場に入ってもらっているが、宮崎の人たちはみんな評判がいい。人がよく、真面目という声を聞き、私も嬉しくなる」。「日本にはなかった技術」「日本にはなかった製品」で新しい市場をつくってきた会社だが、一般には製品を目にする機会がないため、もっと知ってもらう努力が必要と語る。「県外に出ていた優秀な人材を受け入れられるような、雇用の受け皿になれたらありがたい。宮崎の地で成長していきたい」との思いを抱く。高野瀬忠明は雪印メグミルクの社長として雪印乳業の再建に奔走し、その後は特別相談役に就任。日本酪農乳業協会会長も務めた。

甲斐敏彦

第三節　多様な生き方を求めて――団塊世代の登場

合同選抜導入

「僕らは合同選抜の第1期生。1年の時はなんとなく格差みたいなものがあって喧嘩も多かった。附属中学校出身者などはよく巻き込まれた印象がある（笑）。先生方や先輩からもこれまでの学年と雰囲気が違うとよく言われていたし、卒業式の時は当時の小高校長からは「よく全員卒業してくれた！　ありがとう」と言われた。先生方も心配が多かったんだと思う」と語るのは春山豪志（18回卒　MRT宮崎放送代表取締役会長）。

終戦後のベビーブーム世代で、高度経済成長とともに青春を送り、1970年代以降の日本の中心となっていく、いわゆる団塊世代である。

小学校の時からずっとギュウギュウ詰めの教室で勉強をしてきた世代。生徒の増加とともに高校進学率の上昇、大学進学熱の高まり等に対応して高校が新設されていった。新設校との間には学校格差があり、大学進学をめぐる競争も激しくなっていった。その対策として実施されたのが昭和38（1963）年の合同選抜だった。

合同選抜は宮崎・都城・延岡地区で実施されたが、宮崎市の場合、宮崎大宮高校と同レベル・同規模の普通科・家政科高校として新設された宮崎南高校と学力格差が生じないよう、生徒を均等に振り分けるというものだった。そのため生徒の割り振りは生徒・保護者ともに大きな関心事だったが、決められたのは中学校をもとにした学区制。バランスがとれるように、調整区の学校も設けられた。

○宮崎大宮高校への割り振り校―東、大宮、檍、住吉、佐土原、広瀬、那珂、本庄、八代、綾中。調整校は西中

○宮崎南高校への割り振り校―大淀、赤江、青島、内海、鏡洲、高岡、生目、田野、清武中。調整校は宮崎中

宮崎大宮高校も宮崎南高校も募集定員は440人で両校合わせると合計880人。これまで宮崎大宮高校へ入れる目安は宮崎市郡の一斉模試で400番位内が目安だったが、合同選抜により880番以内が合否の目安になり、枠が2倍に広がるということに。これをラッキーと考える生徒もいたし、大宮校区で安心したという生徒もいた。反面、憧れの大宮に行けず落胆する生徒ももちろん多かった。また、伝統や名門を誇ってきた先輩方からは生徒の質の低下を危

惧、名門の灯が消える、進学校を選ぶ自由が奪われる、など反対する声もあがった。

合同選抜開始直後に宮崎大宮高校に勤務したという高橋政志（9回卒　元宮崎大宮高校校長）は「合同選抜へは苦情も多かった。宮崎大宮高校では3年間で自主自律の精神をどう育てるか、ということを念頭に置いた学校作りをしていた。しかし、〝天下の大宮だから大丈夫〟とおおらかな先生も多かった」と思い出す。

「先輩方にはバンカラで悠然とした雰囲気を持つ人がまだいた時代。我々の世代とは違う印象。しかし、学校は全体的に自由・闊達な雰囲気にあふれていた」と春山。新設された宮崎南高校は「大宮に追いつけ、追い越せ」を掲げ必死な形相。一方の宮崎大宮高校は、伝統である自由な校風のもとのびのびとした学校生活を送っていた。

50メートルプール完成で「溺れない大宮生」に

「校長先生、頑張れ！」「あと少し」。このような声におされて、必死で泳いでいるのはなんと第4代小高秀二校長。宮崎大宮高校に待望のプールが完成し、落成式でのヒトコマ。クロールと平泳ぎを駆使して泳ぎ切った小高校長は誇らしげな表情を見せていた。昭和39（1964）年のことである。

完成したプールは幅20メートル、縦50メートルで9コース設置。両側には6段のスタンド（約200名収容）が設けられ、スタンド下には部室が14室作られた。浄化装置もついた50メートルプールは私立を含めても県内2校目、日本水泳連盟にも公認された自慢のプールだった。

観客席を備えた50メートルプール。当時はクラス対抗水泳大会を1日かけてやっていた

落成式は小高校長の泳ぎ初めや、オリンピック（ロサンゼルス・アムステルダム）で連続優勝を果たした元水泳選手の鶴田義行氏が平泳ぎの基本体型を披露するなど、盛大な落成式だった。

これにより水泳は正課となった。男子は100メートル、女子は50メートル泳ぎ切るのが単位取得の条件となり、泳ぎが苦手な生徒にとって苦しい時間となった。「プールの真ん中あたりがすごく深くて足がつかない。必然的に泳ぎ続けるという悲惨な状況だった」との声。単位が足りなければ放課後や夏休みに補講。その頑張りの結果、「大宮生は溺れることはない」と語られるほどだった。

泳ぎの集大成が披露される機会は「クラス対抗水泳大会」。クラス代表の精鋭たちが威信をかけて激しいレースを展開、応援席も大変な賑わいである。「2年の時の水泳大会で潜水競争があった。そしたら、やりすぎた選手がいて救急車が来たこともあった」と佐伯

文化祭の時には、プールを舞台にコンサートを行い大盛況！

一郎（19回卒　元高校教員）。選手にとっても晴れ舞台、力の入れようがわかる。

このプールをなんと文化祭の時にコンサート会場として使ったのは藤元良一（21回卒　宮崎エースレーン社長）。「観客席もあり、エレキのコンサートにはもってこいの場所だった（笑）。教頭だった後藤賢三郎先生に何度もお願いして、条件付きで承諾をもらった。条件は、演奏する曲は自分たちで作詞・作曲したものということ」。その後自分たちで曲を作り、プールに作った簡易ステージでは3グループが演奏、大盛況だったという。「県立高校でエレキのコンサートをやったのは県内初。先生方は新しい時代の動き、という理解をしてくださった。そんな風潮が流れていた」と藤元。プールも生徒の柔軟な考えで面白く利用されていた時代である。

なお、プールに先駆けて昭和35（1960）年には体育館を落成、同39（1964）年には美術、書道、音楽などの特別室や、職員室、校長室などが入る本館も完成、同43（1968）年には食物実験室のほか第三棟校舎も竣工し、環境整備は進んだ。これで弦月湖畔にあった木造校舎はついにすべて姿を消した。

部活離れが進むなか2度目の甲子園出場に沸く

昭和34（1959）年頃から始まった生徒たちの部活動離れは、40年代に入っても続いていた。1年時の加入率は決して悪くないが、学年を追うごとに退部する生徒が多かった。同40（1965）年のデータでは、体育系クラブの加入者は187人、文化系は287人。「最近の試験地獄の中、ほとんどの人が体育部に入ると勉強の方がおろそかになるというのを理由にあげている」と同年の宮崎大宮高校新聞は書いている。

文化系でも授業や入試などで役に立つ音楽や速記、ESSなどが好まれた。しかしESSを例に見てみると、入部は28人いても最後まで残った部員はたったの9人という残念な結果。ある18回生OBは「1年生で卓球部に入ったけど先輩は厳しいし、毎日ウサギ跳びをさせられ、挫折して退部した」と語る。当時を物語るエピソードだ。

しかし、一方では3年間やり遂げて結果を残した生徒たちももちろんいた。同39（1964）年の第18回県民体育大会では弓道男子、体操女子、体操団体徒手が優勝。庭球男子は準優勝という輝かしい結果を残している。この年は東京オリンピックが行われたが、オリンピック聖火が宮崎大宮高校前を通り、平和台でのセレモニーでは、同校の新体操部の女子生徒がステージを彩った。〝聖火乙女〟と呼ばれて喝采を浴び、生徒たちの記憶に刻まれた。

さらに、昭和42（１９６７）年には野球部が２度目の甲子園出場を決め、部活離れが進む校内が大きく沸き上がった。同32（１９５７）年の甲子園初出場から10年後の悲願であった２度目の出場となった。

昭和42年に２度めの甲子園出場を果たした。牧投手が力投

しかし、野球部も例にもれず部員数は20人ほどで特に20回生の３年生は９人、少数精鋭であった。「人数が少ないのは練習がきつくてついてこれないから（笑）。我々が続けられたのは、それが当たり前と思えたから。まったく休みはないし、毎日３時間ほどの練習をして、終わったら自主練。さらに家に帰っても練習していた。それくらいしないと勝てないし、監督にも認めてもらえないと思っていた」と語るのは児玉研（20回卒）。特に前年は南九州大会まで進んだも

応援団も奮闘。在校生や保護者、ＯＢなどが熱い声援をおくった

のの、惜敗。悔し涙にくれ、来年こそは、との思いが強かった。その後の1年間は「県内に敵なし」といわれる気合のチームに。借りを返すべく臨んだ甲子園予選では全試合ノーエラー、南九州大会（本県と沖縄県）決勝では昨年と同じ沖縄の興南高校相手に牧重見投手（20回卒）が力でねじ伏せ、なんと4対0の完封勝ちを収めた。予選の決勝には全校生徒が応援に来てくれて、とても力をもらったそう。

甲子園では初戦で和歌山県代表の市立和歌山商に4対0で敗れたが、部活動をする意義や感動、喜び、悔しさ、連帯感など、希薄になっていた生徒たちに刺激を与える、絶好の機会にもなった。

ミスター大宮、後藤賢三郎

誰からともなくそう呼びはじめ、今ではすっかり「ミスター大宮＝後藤賢三郎」が定着。生

昭和56年、県教育長に就任する直前、宮崎大宮高校校長時代の後藤賢三郎

徒からは「ごっつん」の愛称で親しまれ、大宮とともに生き、大宮の顔、教育者としての人生であった。

後藤は旧制宮中47期生として卒業、東京高等師範を経て昭和22（1947）年に旧制宮中に数学の教師として赴任。以後、同43（1968）年3月までの間に教諭から教頭へ昇格。その年の4月に妻高校へ校長として転勤し、2年間を過ごしたあと、昭和45（1970）年には第5代校長として再び宮崎大宮高校へ戻り、同56（1981）年3月まで務めた。教諭から教頭、校長までを同一校で経験し、トータル32年という長い期間、宮崎大宮高校へ情熱を注いだ。

生前の取材で語った宮崎大宮高校の思い出は、同年に県教育長として異動の辞令がくだった離任式での出来事。「体育館で生徒たちに別れの挨拶をし壇上から下りようとすると、約1300人の生徒たちが真ん中に花道を作り「校長先生！」と涙声でエールを送りながら見送ってくれた。職員室に戻ると先生たちとも涙の別れとなった。絶対に忘れられない思い出であり、私は教育者が天職だったんだ、と思った瞬間だった」と語っている。大宮の校長の時には、「伝統は培ったものに重ねていくもの、過去にとらわれていたら進歩がない」との姿勢で学校経営を行った。

愉快なエピソードとして、同45（1970）年に学校祭の日程を教職員側は2日に減らそうとし、生徒側は従来どおり3日を主張して対立した時、校長だった後藤が「4日に決めた」、という話は、後藤らしい話である。

第63回全国高等学校野球選手権宮崎大会の始球式に参加。後藤は宮崎県高野連の役職も務めていた

一緒に過ごした生徒たちも後藤との思い出は多い。後藤は宮崎大宮高校に赴任すると野球部部長として高校野球に関わった。当時野球部の佐原正晃（2回卒）は、「指導は熱く、厳しいとこは厳しい。でも温情家だった」と語る。高校を卒業してからも付き合いは続いたが、「後藤先生は大宮の校長になってから間もなく、ロータリークラブに入会され、自費で熱心に活動に参加しておられた。見聞を広げ、人の輪を広げ、自分を高めておられた。だから幅広くて柔軟性のある教育をされたと思う」と佐原。

藤元良一は「豊かな宮崎を作りたい、と常々話されていた。私が学生の時には合唱コンクールやダンスパーティーなども行われ、ワルツやルンバも踊っていた。芸術面にも視野が広く、オリジナルに富んだ発想・企画を考えられていた」。後藤は退職後、弦月同窓会会長としても10年尽力した。副会長として同時期に同窓会を担当した木村衣（10回卒）は「後藤先生がいたから安心して同窓会の仕事ができた。創立百周年記念事業の時は募金委員長として、自ら寄付金集めに走られ、そのお人柄から多くの寄付金を集められた。後藤先生だからできたこと」と語る。生徒からの信頼の厚さや後藤の人柄が伝わってくる。

宮崎大宮高校には後藤が揮毫した石碑が残る。同56（1981）年の卒業生が卒業記念碑を建てるため依頼し書いたもので、「敬父如山　敬母如海」の文字。童子教（江戸時代、寺子屋の教科書として広く利用された教訓書）にある「父の恩は山のように高く、母の恩は海のように広い」から着想を得て、校長室にて揮毫したそう。バランスが良く力強い文字が印象的で、今も生徒たちにメッセージを送り続けている。

ファイアーストーム

団塊の世代が高校生活を送った昭和40年代は、ベトナム戦争や沖縄基地問題、公害問題と高度成長の影の面が表面化し、各地の大学では大学教育のあり方を問う形で学生たちの運動が盛り上がった。そうした社会の雰囲気は高校生たちにも影響を与えた。宮崎県内でも若者たちが「このままでいいのか」と問いかけ合っていた。そんな時代の宮崎大宮高校のヒトコマがある。

昭和46（1971）年、体育祭終わりのホイッスルが鳴ると、生徒たちが一斉に動き始めた。事前に準備しておいた薪を手に、運動場の中央に集まってきた。集められた薪は交互に組まれ上へ上へと延びていく。ファイアーストームの準備が始まったのだ。その輪の中にいた北郷泰道（23回卒　考古学者）は「先輩方がやっていたファイアーストームが、我々の頃には禁止だった。しかし禁止ということがモチベーションを上げ、みんなを一つにした（笑）」と言う。決行日までには「もっと自由な学校生活があってもいいのではないか？」というチラシを作ってみんなに呼びかけたり、詳細な実行計画を立てて事前に材料を集めて隠しておいたりなど、準備は周到に進められた。

いよいよ櫓ができた。日が沈むとともに点火、メラメラと大きな炎があがった。「オー」というどよめきが起こり炎を中心にみんなが集まった。この頃になると、まだ運動場に居た教師たちもその様子に気づきあわててかけ寄ってきた。しかし、それは生徒からすれば想定の範囲。担当の生徒たちがバリケードとなって、こちらに近づけないよう準備済みである。教師たちはバリケードを脅かすことはせず、遠くからただ見守っていた姿が印象的だった。生徒にとって

当時は１年時にキャンプがあり、友情を育む場になっていた

「肩すかしだった」との声があがるほど静かな教師陣。火を囲み、歌って笑って楽しんだが、首謀者たちは後日、校長室に集められた。後藤賢三郎校長から「情熱はもっとちゃんとした方向に向けるように」との指導を受け、親も呼ばれて絞られたことは言うまでもない。しかし、計画を立てきっちり実行するあたりは宮崎大宮高校らしい話。

回期は少しさかのぼるが、当時からおしゃれに気を使いのちにブティックを開いたのが金丸二夫（19回卒　DESIGN WORKS、cafeOnliveオーナー）。数年前まで下駄を履いていた生徒がいるなかで、金丸はＶＡＮのボタンダウンシャツと先の細いスリムズボンを着用して通学していたという。「ボタンダウンのシャツは僕を含めて3人着ていた。僕は中学の頃から洋服が好きで、ＶＡＮもいち早く手に入れ自分がいいと思うスタイルをやっていた」と金丸。特に服装チェックなどもなかったから、独自のスタイルが定番だったそう。また、金丸は「球技大会が近くなると、自分の授業時間をさいて、球技大会の練習をさせてくれる先生もいた。おおらかな学校だった」と懐かしむ。そんな中で伸び伸びとした校風は育っていったのかもしれない。人はみなそれぞれという考えのもと、個性を伸ばしてくれる学校だったと言うOBは多い。

日曜日にクラスで計画をして遠足に出かけた16回のあるクラス。おおらかな学校生活を過ごし、子どもにも宮崎大宮高校をすすめる卒業生は多い

親子で大宮出身

宮崎大宮高校では親子、もしくは3世代で宮崎大宮高校出身という家族が多いのもひとつの特徴。

四本孝（24回卒　県教育長）は「祖父母、母親、私、子どもたち3人ともすべて大宮出身。魅力は進学校でありながら、成績一辺倒ではない校風。自分の時代は宿題などなくて自分で考えて勉強をしていたけれど、子どもたちの時代になると結構宿題も多く、時代の流れを感じた」と話す。化学が好きだったため、3年での文理選択では迷わず理系に進んだが、1学期の物理のテストで惨敗し、方向性を悩んだ後、先生たちに相談。結果、文系に授業を受けに行くという出張授業をさせてもらったそう。「学校のおおらかな対応に救われた。だから勉強をしっかりやって、希望の大学へ進学でき自分の自信にもなった」。

成井一充（32回卒　フリーテレビディレクター、ローカルタレント）も子どもたちは3人とも宮崎大宮高校。「僕は大宮が大好き。だから、子どもたちにも高校行くなら大宮以外はない！と言ってきた」と語る。息子2人は野球部で活躍し、保護者としても学校に関わった。「学校の雰囲気は当時のまま。子どもたち自ら声を上げるのが大宮の風潮だと思うが、最近は親の意見が強くなってきたような印象を受ける」と大宮らしさの減退を危惧する。

吉田暎彦（14回卒）は両親も娘3人も宮崎大宮高校出身。「僕は高校時代すごく楽しかったし、高校に誇りを持っているから、子どもたちが大宮に行ってくれたのはすごく嬉しかった。のびのびした校風で、子どもたちもいい学校生活を送らせてもらった」と語る。

自分の出身校に誇りを持つ親、子どもにもその学校で学ばせたいと思うのは当然のことである。

高まる大学進学熱

一方では当然ながら、大学進学への体制も整えられてきていた。

昭和38（1963）年に宮崎南高校が新設されて合同選抜制がはじまり、南高校では「大宮に追いつけ、追い越せが」が合言葉で進学校としての確立を目指していた。自主自律の精神が育まれている宮崎大宮高校は、勉強面でも自主性にまかせる傾向があり、昭和40年代になると、進学率で南高校に押される傾向が見えてきた。心配する保護者からは進学指導強化の要望が出されたのも当然である。同46（1971）年の県立高校入試の成績を見てみると、宮崎大宮高校の平均が207点、宮崎南高校205点、延岡高校181点、都城泉ヶ丘168点、小林166点と、大宮・南の水準の高さがうかがえ、合同選抜制の目的は達成したように見える。同水準の生徒たちを3年間でどのように鍛えるかは、各校の手腕であり、その結果は大学進学率で図られる。教師も生徒も必死であった。

同年入学の日高良雄（26回卒　県職員、自治医科大臨床講師）は理系のA級出身。「1、2年は持ち上がりで仲も良く、合唱コンクールなど楽しかったが、3年になると勉強、勉強で修学旅行もなく、一年間何をやったかも思い出せないぐらい。（宮崎）西高理数科はなく、卒業時に宮崎医科大学（現宮崎大学医学部）ができたこともあり、医師になった同級生が多い」と語る。テストが終われば順番が貼りだされ、少しでも勉強で手を抜くと成績は急降下。気の抜けない学生生活であった。その甲斐もあり、自治医科大学へストレートで入学し医療の道へ進むことに。

同じクラスからは山元香代子（26回卒　医者）も同時入学、大学でともに学んだ。山元は現在アフリカのザンビアで辺地巡回診療を行っており、必要な医療費も自身が賄うなど苦労を伴いながらも、地元の人々のために医療活動を続けている。そんな山元の活動に支援をかってでたのは日高。活動資金援助のため寄付の取りまとめを行い、日本から山元の活動をバックアップ、26回生の協力も多い。勉強に追われた高校時代ではあったが、ともに戦った仲間の絆は強い。

大宮スピリッツを生かして

高度経済成長の一方で社会問題が表面化したこの時代を送った大宮生たちの卒業後を見ていこう。後に〝団塊世代〟と呼ばれることになる世代は、ボリュームが大きいことに加えて、時代の問いかけにそれぞれに対応して、多彩な人生を描き出している。

18回生の春山豪志は昭和45（1970）年に、MRT宮崎放送入社。営業局長や東京支社長などを歴任し、代表取締役社長を8年、現在は会長として活躍。今年は県体育協会長に就任し、2026年に行われる予定の国民体育大会の成功に向けて意欲を見せる。星正治は広島大学 原爆放射線医科学研究所などで教授を務めた。広島・長崎の原爆による医科学をはじめ、旧ソ連で1949年から40年間行われた核実験の放射性被害の研究な

春山豪志

どを行っている。

19回生には三井住友銀行取締役兼専務執行役員や三井生命保険で顧問・会長を務めた津末博澄、東北大学教授で分析化学や表面科学を研究した寺前紀夫などがいる。

20回生にはサッポロビールで社長を務めた寺坂史明がいる。以前の取材で宮崎大宮高校について「伝統的に醸し出している自由な雰囲気が、今の自分の性格づくりにも影響している。自由を楽しむ感覚」と語っている。企業人として「考える力、答えのない問いを問い続ける力を持った人が必要な人材。同時に人の成長を促すという意味で素直な性格であることが必要」という。東京都国立市で市長を務めたのは上原公子。平成11（1999）年の初当選時には東京都内初の女性市長誕生で話題になり、2期を務めた。

寺坂史明

戸高康博

21回生にはカメラマンの戸高康博がいる。
22回生には九州大学や京都大学で憲法学や議会法などの教授として活躍した京都大学名誉教授の大石眞、経営者として宮崎の経済を支える日高本店社長の日高晃、コマツ宮崎社長の後藤健治、植松商事社長の植松孝一などがいる。
23回生の北郷泰道は、西都原古墳群の整備や考古博物館の建設、県

北郷泰道

石川智信

金丸吉昌

内の埋蔵文化財の調査や活用の総括を行うなど、宮崎の古代史をアジア的視野のなかでとらえ直しを提起してきた。埋蔵文化財センター所長を務め、『古代日向・神話と歴史の間』などの著書もある。宮崎市内で内科医院をひらく石川智信は在宅医療に力を注ぎ、患者の心に寄り添う医療で多くの市民に支持されている。ケーキ専門店「お菓子のゴローズ」社長の内田五郎もいる。

24回生には現在、宮崎県教育長を務める四本孝がいる。地方教育行政法改正に伴う教育委員長と教育長を統合した「教育長」の初代に就任。学力の向上や高校再編、２０２６年に宮崎で行われる2巡目の国体など仕事は多く準備や対応に忙しい。「前の宮崎国体の時は、父親が教育長だった。２巡目の準備に同じ立場で関われるとは感慨深い」。

昭和49（１９７４）年、宮崎医科大学の開学も影響あって25・26回生には医療の世界で活躍する卒業生も多い。

25回生の金丸吉昌は「高校時代から医者になってへき地医療に従事したいと思っていた」と語る。27年前に美郷町に移り住み、地域に暮らし、住民の絶大な信頼を得て、現在は地域包括医療局総院長として活動。実体験から地域医療のあり方を提言している。

26回生の北村和雄は宮崎大学医学部で教授を務めるが、平成5（1993）年に生理活性ペプチド「アドレノメデュリン」を発見、引き続き基礎研究・臨床研究に加え、創薬ベンチャーの創業を通して学術文化の発展に尽くしている。

山元香代子は同17（2005）年から同19年（2007）年にJICA専門家としてザンビアに渡り地域保健医療に貢献、その後巡回医療の必要性を感じ、同国の医師免許を取得、同23（2011）年からは自らザンビアに渡り、自己資金を投入しながら医療活動を続けている。山元の周りの有志が集まり、「NPO法人ザンビア辺地医療を支援する会」を設立し、支援の輪も広がっている。

ほかにMRT宮崎放送に勤務する小堀正貴と海老原猛はともに25回生。2人とも常務取締役として活躍し会社を引っぱっている。

26回生では法政大学文学部教授として教鞭をとっている椎名美智、JAXAの宇宙科学研究所で教授を務める川崎繁男、社民党に所属する参議院議員の福島瑞穂などがいる。

第3章

対応と挑戦

時代の変貌・高校の変容の先を見つめて

視野はグローバルに、行動はローカルに

この3章が対象とする年代は、現在にも直接つながっている時代、生身の時代でもある。それだけにその時間幅は長い。

西暦でいうと、１９７０年代から80年代、そして90年代から新世紀へと連なるこの時代。世界は構造的変革に直面した。石油ショックが明らかにした大量生産・大量消費の経済社会の限界と地球環境の危機。戦後を規定してきた米ソによる東西冷戦体制の崩壊と、経済のグローバル化の進展。それによる国民経済社会の変容と格差社会の出現。

すでに世界第二位の経済大国となっていた日本もまた、この世界史的激動をまともに受け、変容していった。オイルショック、公害問題から、製造業の海外移転による地方の空洞化、バブル経済から平成不況、そして〝失われた20年〟。さらに深刻化する地域環境危機と災害の時代―。

和暦でいうと昭和から平成へのこの時代、その画期の年となった昭和63（１９８８）年はまた、宮崎大宮高校にとっては、旧制宮崎中学時代から数えて１００周年記念の年でもあった。盛大に催された１００周年記念の諸行事は、それまでの１００年の歩みの意義を浮き彫りにして、ある意味では時代の転機を象徴するものとなった。

明治の近代国家建設から戦後昭和期の復興と経済成長への時代、その１００年を規

定してきた国民国家を担う人材育成という、それまでの高等学校に託された使命は大きく変わっていった。それまでの大学受験戦争激化の時代を経て、あらわになったグローバル経済の進展のもと、国際人の育成が前面に打ち出されるとともに、高校教育は新しい時代への対応を求められていったのである。

１００周年前後、宮崎大宮高校もまたこうした変貌に直面していた。１００年が培ってきた「大宮らしさ」とは何かを自問しながら、伝統の自治の精神を保ちつつ新しい学科の創設など社会の要請に応えていった。

いま、50代から30代までさまざまな分野にチャレンジしている卒業生たちは、まさにこの変貌の時代に青春を送った人たちである。それだけに、専門の道を究めたり起業したりと、多彩な足跡だが、その人たちの話をうかがっていると、宮崎大宮高校の伝統である自主自律の精神が脈々と生きていることに気づかされる。まことに個性的な学生時代を送っている。一瞬、形はちがえ、心はあの戦後のエネルギッシュな時代の再現とも感じてしまう。

〝視野はグローバルに、行動はローカルに〟の卒業生の活躍は、あの70年前の戦後復興を担った世代のエネルギーを感じさせる。この時代を担う気迫とエネルギー、そしてそれを生み出し続けるものこそ〝大宮らしさ〟の源流だったのだと改めて気づかされる。

第一節　変わっていく教育環境のなかで

受験戦争の激化で勉強にも力が入る

受験戦争の激化から新しい時代への挑戦

昭和40年代後半から50年代、日本社会は大きな転換期を迎える。同46（1971）年夏のドル切り下げのニクソンショックに始まり、同48（1973）年秋と同54（1979）年初冬の2回にわたる原油の値上げによる石油ショックと続いた世界経済の激動により、それまでの日本経済の高度成長に急ブレーキがかかった。円安によって輸出立国となり、安い石油によって大量生産、大量消費型の経済を作りあげてきた日本経済。この二つのショックによる衝撃は大きかった。折からの公害問題の問いかけもあって、それまでの経済はもちろん、社会のあり方・人びとの生き方にも深刻な反省を迫った。

この時代、教育をめぐる環境も大きく変わっていった。高校進学者の増加と大学進学率の上昇、そのなかでの受験戦争の激化。宮崎市内では、次々と3つの普通科高校が新設され、大学進学をめぐる各学校間の競争がくり広げられ、大学入試制度も変わっていった。

そうしたなかで宮崎大宮高校でもさまざまな対応が図られていった。宮崎大宮高校の伝統を尊重しつつ新しい時代への挑戦——さまざまなドラマをはらみつつ生徒たちは自分たちの青春をつくっていったのである。

「大宮に追いつき　追い越せ」

宮崎市内の高校進学者の数は、昭和30年代から上昇し始めていたが、昭和40年代から50年代にかけては進学率が90パーセントを超えるとともに、宮崎市および近郊人口の増加で急上昇した。その進学者増はまた大学進学者の増加でもあった。

この高校進学者増に備えて、すでに昭和38（1963）年には宮崎南高校が新設されていたが、その後同49（1974）年には宮崎西高校が開校、両校とも大学進学率向上を打ち出していた。特に宮崎南高校では、新設校のハンディを乗り越えようと「大宮に追いつき、追い越せ」をスローガンに打ち出し、進学教育に力を入れた。西高校の場合は、大学進学が当然という時代の変化もあって、南高校ほど露骨ではないとはいえ、宮崎大宮高校を意識しての特色を打ち出して進学教育が強化されていった。

こうした新設校の動きは、宮崎大宮高校の教育にも当然多くの影響を与えた。生徒は合同選抜で振り分けられているため差はないはず。しかし3年間の学習の成果として進学率は一つの目安、教師も生徒も意識するのは当然であった。大宮も切磋琢磨して受験戦争に立ち向かっていたのは当然である。昭和49（1974）年、国立大学への合格者は297人、全国の公立高校のなかで14位という結果を残している。

柚木崎千鶴子（30回卒　宮崎県食品開発センター所長、農学博士）は「先生方が特に国公立大学の合格率を上げるために一生懸命。合格ラインぎりぎりを狙うより、志望校を下げて安全パイを受けるように言われていた。私たちの世代が一期校、二期校を受けられた最後の年。失敗したら、来年は共通一次受験で大変だ、という噂を聞いていたので合格するため必死だった」と語る。この頃は国公立大学の合格率で各校が競い合い、合格率アップのため一期も二期も受験するという状況はどの学校でも見られていた。

青春ドラマが繰り広げられた学校祭

こうした進学教育の高まりのなか、一方では「大宮らしさ」を求めて模索が始まっていた。宮崎大宮高校の伝統でもある伸び伸びとした校風が薄れてしまうのでは？　生徒たちもそれぞれの立場から「大宮らしさって何？」を自問していった。以下、当時の活動から点描してみよう。

昭和46（1971）年、当時の校長後藤賢三郎によって、これまで3日間だった学校祭が4日間に延長された。同52（1977）年まで4日間の1日が体育大会、残り3日は文化祭となった。当時の文化祭は、総務の中に文化祭実行委員会を立ち上げて文化祭の原案を作成することから始まった。ここですべてのプログラムについて意義や目的を明確にし、内容の原案を作り上げる。次に生徒議会で原案について議論し、さらにその結果を拡大生徒会で承認という時間をかけた流れであった。拡大生徒会で承認されたら、議事録を作成し、翌日には生徒全員に内容を配布していた。「会議が終わると、総務の担当者は議事録作りに入る。夜遅くまでかかったが、みんなよく頑張っていた」と顧問だった佐伯一郎（19回卒）は思い出す。

特に文化祭の力の入れようは大宮らしさの象徴ともいえ、部活動の公演・展示、合唱コンクール、ステージイベントなど盛りだくさんだった。
「日曜日にも全員教室に来て合唱の練習をした」「早朝練習は毎日」「優勝して嬉しすぎて泣いてしまった」など、特に合唱コンクールにかける思いはどの世代からも同じように聞こえてくる。

昭和53年の合唱コンクール。現在は県立芸術劇場で行われている

山内正敏（31回卒　スウェーデン国立スペース物理研究所研究員）は「1年の時の担任の山下兼紀先生は、とても生徒の自主性を重んじる〝放任主義〟。夏休み前に『合唱コンクールで（学年）優勝したら飲み物をおごる』とクラス全員の前で言ったのがモチベーションの一つになって練習を重ねて、1年生で初めて全体優勝した」と快挙を語る。「この時のクラスに、後に東京芸大を出てソプラノ歌手になった岩切美夏がいたのも大きかった。それ以降、クラス内の有志で行った駅伝大会とか節分の豆まきでも先生に寄付をお願いするようになった」と笑う。

福永育子（30回卒　㈱オフィス福永代表取締役）は「演劇部で〝ひょっこりひょうたん島〟のミュージカルをオリ

ジナル脚本を書いて公演した。衣装を縫ったり、音響や照明など部員がみんな得意分野を発揮して作り上げた舞台だった。3年の秋、ぶっつけ本番でやった」。同級の西村智（30回卒　元本田技研工業）は「僕は音楽担当の実行委員長で、参加しそうなバンドに声をかけた。中庭にステージを組んだが、当日は大雨で室内演奏となり、がっかりした」と懐かしそうに話す。

数々の青春ドラマに若き血潮を燃やした懐かしい思い出である。昭和51（1976）年の宮崎大宮高校新聞137号には学校祭が台風のため4日間から2日間に変更されて実施されたことが紹介されている。それを振り返って学年別に代表生徒による反省が掲載された。

【3年】男子生徒―今年の学校祭は、特にその準備において盛り上がりがなかったようだ。しかし見方を変えれば、さして浮き足立つこともなく最後には精神を凝縮して例年並みのレベルにもっていけたという意味で、案外理想的であったかもしれない。

クラスの中にはなんとかして自分の仕事を軽減しようと画策する者もあったが、全体的にこれを契機にまとまりを持ってきたようだ。また、各人の才能や今まで知らなかった性格の一面を発見し、互いをさらに深く理解し合えるようになった。

学校祭後も、平常の学校生活に早く戻ることができ、これを機に受験勉強にダッシュをかけ始めた者が一部見うけられるのも望ましい傾向といえよう。

【2年】女子生徒―今年の学校祭は、たくさんの問題を残した。まず、偽造券や領収書の書き換えなどの事件（これでまた学校祭が制約されるのではと心配しているが）。私たちは、今年も自由がないだの、先生の介入が多いと言っていたが、そんな状況を作り出したのは自分たちなんだと気づいている人が何人いるだろうか。まさに、自分で自分の首を絞めているわけである。また、今年の学校祭で感じられた全体の受動的姿勢は、今後の学校生活に大きな支障をきたすのではないだろうか。こんなことを含めて、もう一度学校祭のあり方を考え直す時期に来ているのではないかと思う。

【1年】男子生徒―もっと学校祭を大切にしていかなければならないと思います。学校祭をすばらしいものにしたいという考えは、誰でも持っているでしょう。そのためには、学校祭のあり方と自分のおける立場を自覚していくことが、今の僕たちの最大の課題ではないかと思います。

1、2年生の感想からは学校祭について憂えている様子がわかる。より良い学校祭にしていくため生徒自ら問題意識を持って改革に取り組もうとしていた頃である。

モラルの低下？　大宮らしさって何？

「遅刻者一日154人」との見出しが踊る宮崎大宮高校新聞。昭和50（1975）年12月135号の記事である。この頃の宮崎大宮高校はモラル低下で厳しく批判をされていると書かれている。大宮らしさを失いかけているのではないかとの声もあるなか、新聞部が行ったのがモラルについての生徒アンケート。それによると――

登校風景。遅刻者が多く問題に

・今学期授業に遅刻したことがあるか？
ある48％　ない52％
・何回遅刻をしたか？
1回25％　2～3回32％　4～5回13％
それ以上30％
・授業をさぼったことがあるか？
ある28％　ない55％　しょっちゅう17％
・大宮校生としての誇りを持っているか？
持っている72％　持っていない28％
「遅刻者の数から見てみると、一日平均154人という数は、他校では考えられない現象である。全生徒数の1割を占める。その内、約4分の3は男子である。この人数は

1クラス平均4~5人に過ぎないが、調査した我々は予想外の数に呆れてしまった。この遅刻者の実情もさることながら、最近頻繁に起こっている盗難について我々は深くは知らないが、校内でこういう事件が起こるということは、本校生のモラル低下と関連があるのではないだろうか……今一度このことについて考えてみよう」新聞部の問題提起である。

ただこのことは、「大宮らしさって何?」を考えさせてもくれる。進学教育が高まるなかでの規則・規制への反発もあったようだ。教師陣は細かいことには口を出さず、自主自律の考えを尊重するのが宮崎大宮高校の伝統。風紀面にも寛大で、リーゼントやパーマ、剃りこみなど当時のオシャレを体現して闊歩する生徒も見られたという。「風紀検査みたいなものはなかったと思う」とは山内正敏(31回卒 スウェーデン国立スペース物理研究所研究員)。山内は入学・卒業式以外は毎日半袖シャツで過ごした生徒。先生方からは賛否の声があったが、最終的には当時の後藤校長が「大宮らしくていいんじゃないの」と判断し、そのスタイルを守れたという。オシャレというより独自なスタイルである。

とかくすると規制が強まるなかで、自由で個性を認め合う校風を伝えてくれるエピソードである。

家政科閉科

家政科最後の弦月祭。ウエディングドレスを作成

戦後新制高校のある意味での象徴ともいえる家政科が縮小されたのもこの時期だった。

昭和23（1948）年、宮崎大宮高校発足と同時に前身の家庭科（昭和40年から家政科）として設置された。新制高校のスタートは、当時は普通科12学級、商業科4学級、家庭科3学級であった。女子だけのクラスということで、男子生徒からの注目も高かったというエピソードも残る。

井上恵子（14回卒　箏曲生田流宮城会大師範、宮崎大宮高校箏曲部外部指導者）は家庭科出身。「『花嫁修業のために家庭科を選んだ』、『大宮の家庭科を出ていればいいところにお嫁に行けるから』という人もいた時代だった。クラスは女性だけでとてもまとまりがあった。この3年間で家庭生活の基本を学べたことは後々にとても助けられた」と語る。

しかし同48（1973）年には3クラスから1クラス学級減となり、平成6（1994）年3月には閉科となる。家政科の流れを組んで装いも新たに生活情報科、生活文化科などが新設され幅広さをプラスしたカリキュラムになったり、家庭科の男女必履修が導入されるなど、時代の要請に応える形での見直しでもあった。

宮崎大宮高校に同3（1991）年から8年間勤務した家庭科教師の坂元マモルは家政科を担当していた時に閉科、男子生徒を含む普通科に家庭科を指導したという節目の経験者。「家政科は自分たちの力で何でもやってのけ、やりたいことを主張し、達成するというパワーを持っていた」と坂元。弦月祭でのファッションショーでは、舞台の装置もすべて女性でやってのけ、反対されていた食物バザーも審議を重ねて許可を取り付け、見事に成功を成し得ている。

家政科がなくなり男子にも家庭科を教えた。しかし、真面目に授業を受けない男子生徒もいたが、卒業の際には「素晴らしい家庭とは、日々の努力と星雲の志」というメッセージをもらい、男子生徒へ家庭科を教える意義が確認できたと語る。

時代の波に呼応するように46年の歴史を閉じた家政科。名前はなくなっても家庭科は男女で学んでいく大切なものであることに変わりはない。

昭和55年のキャンプでのアトラクションはみんなで楽しんだ

職員会とも対等に。創意あふれる総務の活動

宮崎大宮高校の伝統でもある生徒自治の場、生徒会の代表が総務委員。行事や学校自治に関して生徒を代表して動くやりがいのあるポジションである。しかし、そんな伝統も曲がり角に立たされていた。

話は少しさかのぼるが、昭和41（1966）年、第23期総務の選挙では定員8名のところ立候補者がなんと4名という状況。1年生が定員3名に対して3名、2年生は定員5名のところわずか1名という寂しいものに。その状況に生徒議会などで打開の道を探るも結論は出ず、総務がいない時期が2ヵ月も続くという異常事態であった。生徒たちからは「教科指導のみを強調して、生徒会をはじめとする特別教育活動を正しく受け止めず、生徒会に対する指導すら教師はしていない」等々の声が上がり、受験体制の締め付けに対する学校側への批判も大きかった。結局この期の総務は、各クラスから候補者を出して選挙を行うという異例の形で誕生した。

それから10年後の同51（1976）年に第43期総務に就任した柚木崎千鶴子（30回卒　宮崎県食品開発センター　所長・農学博士）は「担任の矢野滋樹先生が熱血な先生で（笑）、先生の言葉に感銘を受けて立候補した」。同クラスから他に2名も一緒に立候補し3名とも当選、理系の特別クラスに所属していたこともあり3名とも勉強との両立には苦労したという。「成績は3人とも右肩下がり。総務は忙しく、帰宅時間も遅くなるのが常。メインの弦月祭の頃は心身ともに疲れ果て勉強もなかなかだった」と語る。しかし総務としての役割は楽しくて充実感に満ちた日々でもあった。「学校は自由でのびのびしていた。好きなことができる風潮があったから、総務の仕事も創意にあふれていた」。

第45期総務だった成井一充（32回卒　フリーテレビディレクター）は「職員会と対等にものが言えたのが総務」と語る。「頭のいい人しか総務にはなれないのか？」ということに疑問を持ち、遊んでばかりいたという自身が一念発起しての立候補だった。担任の先生に相談すると「応援する！」という力強い言葉、先生がクラスのみんなに「成井が立候補するから応援してやってくれ」と声をかけると、すぐにみんなが役割分担をし、クラスを挙げての選挙戦となった。結果は見事に1位当選、委員長就任の声もあったが、あえて副委員長を買って出たそう。「他の当選者は本当に優秀な人ばかり。委員長はそちらに任せて僕はサポートに徹した。学校も総務も僕のような庶民派を受け入れてくれる度量の大きさを実感した」と語る。

修学旅行の復活に向けた活動や男子の頭髪の決め事など、学校側へ働きかけることはしょっちゅう、一方では宮崎西高校や宮崎南高校との生徒会交流なども積極的に行った。互いの学校を行き来し、総務としての意見や情報の交換は学校や自らの仕事内容を客観的に見るにはいい機会になったそう。「責任を持ってやれば認めてもらえる、という大宮の自由さのなか成長させてもらった」と振り返る。

昭和51（1976）年11月の宮崎大宮高校新聞に43期総務の反省が載っている。柚木崎は「この半年間、私はLHR委員会の幹事をやって来ました。LHR日誌の中にも多々ある総務批判の中で、時折見られる『総務のみなさん、ご苦労さま』『がんばって下さい』といった言葉。その温かい一言がどんなに潤いを与えてくれたでしょう。皆さん、ご協力ありがとうございました。」と記している。

伝統ある宮崎大宮高校の総務は時代に翻弄されながらも確実に引き継がれ、学校生活の大きな支柱として頑張っていることがうかがえる。

共通一次試験の導入で緊張

放課後、図書館に残って勉強する生徒たち

前の項で「私たちの世代が一期校、二期校を受けられた最後の年」という受験体験を紹介したが、昭和54（1979）年度からは国公立大学を希望する生徒に対して共通一次試験が導入された。入試の方法が大きく変わっただけに、学校現場は苦労した。

第一回目は同53（1978）年10月に一次の願書を提出、翌年1月13、14日が試験。テスト後は自己採点をし、2月9日から最終志望校を選定。二次試験は3月4日に行われ、3月10日に発表。宮崎大宮高校は宮崎大学に91名、宮崎医科大学（現宮崎大学医学部）に4名の合格者を出し、他全国の難関大学でも大健闘。県下随一の進学校としての面目を保った。

中村薫（36回卒　宮崎県総合農業試験場特別研究員、農学博士）

は当時の思い出を「先生方には〝鶴丸を目指せ！〟と、尻を叩かれていた。テストは多いし宿題の量も驚くほど出された。1年の時はまだ慣れていなかったせいもあるが、真面目に取り組んでも宿題が終わらず苦しんだ。共通一次試験ではあまりできなくて、二次試験はどこを受けるかとても悩んだ」と語る。そんな姿を見ていた男の友人が、バレンタインデーにチョコレートを机の中にしのばせ気分をほぐしてくれたのは、ほっこりする思い出として残っている。

共通一次試験は10年間続けられ、平成2年度からは「センター試験」となり、一部の私立大学も加わって続けられているが、悩み多き大学入試、変革の波にもまれながら宮崎大宮高校生としてのプライドをかけて生徒も戦っていた。

予餞会

共通一次の導入で、伝統の「予餞会」にも新たな光が当てられた。

昭和40年代後半から始まった予餞会は卒業を間近に控えた3年生に、1、2年生から心をこめて餞《はなむけ》の場をということでスタートした。ただ進学教育が強化されるとともに受験モード一色のこの時期になぜ?といった意見も強まってくる。

予餞会では総務委員が中心になり、実行委員の募集、予餞会実行委員会の発足、出場者公募、

3年生の退場時には
紙吹雪が舞っていた

出場者オーディション、リハーサルと本番に向けて準備を進めた。装飾担当はくす玉、パネル、花吹雪などその時々のはやりの物などを意識して製作し、パネルは美術部へ、垂れ幕は書道部へと各部の協力ももらいながら仕上げていくのが常だった。出し物は劇やバンド演奏、合唱、ダンスの発表、メッセージコーナーなどが例年大筋の内容である。

そこに共通一次の導入である。3年生にとっては、1月下旬に実施される共通一次試験を受験し、3月に行われる二次試験に向けて追い込みのまっただ中、勉強に没頭している時期である。予餞会をどうするか。しかし、こんな時期だからこそのしばしの休息である、との声のもと予餞会は以前にもましてにぎやかで楽しい会が企画された。

中村薫（36回卒　宮崎県総合農業試験場　特別研究員、農学博士）は「バンドを組んでいたので予餞会で演奏したいと思い、出場者オーディションに出たら審査に落ちるという事態に。がっかりしたが、他学年の人が自分たちの持ち時間を削ってくれたから私たちもなんとか出場がかなった」と語る。演奏は松山千春やビートルズの曲。滑り込みの出演になったが流行歌などを演奏し会場を盛り上げるのに一役買った。「やりたいことがやれる校風があった。行事は生徒主体で動かしていたから充実感もあった」と中村。

閉会式では3年生の代表がお礼の挨拶をし、応援団のエールで3年生は退場。そこから受験に向けまた切り替えとなる。

卒業していく先輩方へ向けた餞《はなむけ》の会は、毎年1、2年生が心をこめて作り上げる伝統の会であり感動的なものであった。しかし、平成の時代になって予餞会はなくなり現在に至っている。

全校応援にも個性が光る。三校定期戦開始

定期戦が始まったのは昭和55（1980）年。宮崎大宮、宮崎南、宮崎西の宮崎市内の普通科高校3高校で始まった。進学校としてしのぎを削る3校だったが、この定期戦の日だけは受験や勉強を忘れて、友情と連帯感を深め、団結と愛校心を育てようというのが狙いであった。

この定期戦の下地には明治31（1898）年に行われていた旧制宮崎中と宮崎師範との定期戦、同45（1912）年から続いた旧制宮中と旧制延中の定期戦があったといわれている。学校をあげての対戦は何時の時代も燃えるものである。

第1回大会では約4200人の生徒が集結、大宮からも1400人が参加した。当時からチアガールを率いた華やかな応援の宮崎西高に対し、宮崎大宮高校の応援団による男らしい応援は注目を集め、一層会場を盛り上げた。第1回大会は、大宮が宮崎西、宮崎南に勝って優勝。初の栄冠を手にしている。

全校生徒が燃えていたという三校定期戦

昭和60（1985）年には新設された宮崎北高校が参加し、現在の四校定期戦となった。

今年で39回を数えた定期戦は、平成30（2018）年4月下旬に行われた。決勝では宮崎西高校に6－2と差をつけ、危なげない試合運びで10回目の優勝を勝ち取った。当日は伝統の応援団による硬派な応援にあわせ、吹奏楽の軽やかな音楽と全校生徒の声援で選手を盛り上げた。

会場には宮崎大宮高校をはじめ、宮崎南、宮崎西、宮崎北の4校の全校生徒約4800人が集結。西高の華やかなチアガールなどそれぞれ個性ある応援は、学校の名誉をかけた真剣勝負に例年華を添えている。そして締めくくりには、各校の生徒会長が校旗を持って球場を2周走るのに合わせ観客席の生徒たちがウエーブ、会場は一体感に包まれる。「〝四定〟はとにかく燃える。環境が似ている近くの進学校ばかりだし、相手校に中学時代の友人がいたり。各校の応援合戦も個性が出ていておもしろいが、絶対負けたくないから応援の声にも力が入る」とは2年の在校生。

夢の実現

昭和57（1982）年、体育館では先輩OBを迎えての講演会が実施された。

講師は浜野崇好（6回卒　元NHK解説委員、元宮崎公立大学学長）。

浜野についてはすでに第1章で紹介しているが、当時NHKの解説委員として活躍していた浜野は、NHKで仕事をすることや海外での取材活動についてなどを語った。生の現場の声は生徒の心を惹きつけた。

メディアやジャーナリストに興味を持っていた岡本美津子（35回卒　東京藝術大学副学長・教授、元NHK職員）は、浜野が語った「オープンな土地柄の宮崎だからこそ、広い世界に目を向ける資質がある。広い視野を持って考え、行動しなさい」という言葉を受け、講演会が終わるとすぐに浜野のところへ行き、「NHKに入りたいです」と宣言したそう。「今考えると驚きの行動だけど（笑）、講演は自分のやりたいことをより明確にしてくれた」と語る。

岡本が高校に入学したのは昭和56（1981）年。「大宮に進学したのは自由な校風が良かったから。ゆったりしたなかで、自由に勉強できる環境を求めた」。予測どおり宮崎大宮高校での学校生活はゆったりしたもので、書道部にも所属し勉強と両立、充実した学生生活を送った。「生徒と教師の信頼関係があってこそ成り立つ学生生活。この時に自ら考え行動するということをいつの間にか教えられていたと思う」と語る。大学も自由な校風を求めて京都大学へ進学、ここでも自分ありきの研究ができたそう。

NHK入局後は、番組制作をはじめ急速に成長していくメディアへの対応など時代の流れを捉えた仕事を行い、そのうち東京藝術大学から映像研究の教授として招かれ現在に至っている。「大宮で染み付いた教えは常に根底にある。NHKに入局してすぐ、当時NHK理事だった青木賢児（3回卒　前宮崎県立芸術劇場理事長、元NHK理事）に呼ばれ、「君は大宮高校出身か?」と聞かれ、後輩だということが分かるととても支えてもらった。そういう場面でも歴史の重みや伝統を感じた」と語った。

西村智（30回卒　元本田技研サッカー部所属）は、当時宮崎大宮高校では珍しいスポーツ特待生で大学へ進学した。中学時代からサッカーの指定強化選手に選出されるほどの力があった西村。高校進学の折にはサッカー強豪校からの誘いもあったが、親が勧めた宮崎大宮高校に進学しサッカー部に入部した。宮崎大宮高校は当時県内でベスト16程度の実力、練習はそれほど厳しいものではなかった。「進学校だから部活の時間は短いし、野球部や陸上部と一緒にグラウンドを使っていたからすごく狭かった。サッカーの方に野球の硬球が飛んでくることもしょっちゅう。お互い声をかけながらの練習だった」と笑う。グラウンドでの練習を終えると、宮崎大学のグラウンドに行って大学生と一緒に汗を流した。

大学は日体大に進んだ。むろんサッカー部に入ったが、高校時代とまるで違う厳しい環境に随分鍛えられたという。「日体大のサッカー部には300人ほど所属していて、地方で名を馳せた選手たちも多かった。大宮のような進学校から来ているのはほとんどいない。ハンパなく鍛えられた」。卒業後はサッカーの強豪である本田技研に就職し活躍。「好きなサッカーにずっと関わってこれた。今でも小学生チームのコーチをしている（笑）」と語る。

大宮スピリッツとともに

完全失業者が増加し、深刻な不況の時代を迎えた昭和50年前後。大学入試には共通一次試験が導入され、国公立大学を目指す生徒たちにとって予測が難しい気の抜けない制度であった。そのためには勉強。学校からの課題も多く、勉強に追われる日々、そんな中で自分の個性を貫いていった生徒たち。その後を見てみよう。

27回生には元サザンオールスターズのギタリストでミュージシャンとして活躍している大森隆志、NHKアナウンサーとして全国を飛び回った杉尾宗紀がいる。

「きりん」の名で音楽活動をしている勢井由美子は28回生。宮崎大学特音ピアノ科を卒業し、音楽の世界へ。音楽ボランティアグループ「小枝の会」の代表を務め、障害のある人、重い病気の人、介護を要する人などから寄せられた詩や短歌などに曲をつけてプレゼントしている。近年は東日本大震災や熊本地震の被災地で復興のための支援活動を熱心に続けている。音楽を通した活動から、支援物資の定期的な発送まで幅広い。同じく28回生で友人の医者前田正存（慈英病院院長）の病院で、入院中の患者に向けて歌を聞かせるボランティアも行っている。

勢井由美子

早下隆士

本多吉人

早下隆士は上智大学で理工学部教授を経て、第15代学長に就任。現在も理工学部物質生命理工学科で教授として教鞭をとっている。佐賀大学医学部附属病院で病院長を務める山下秀一、インドネシアの宮廷音楽であるガムランの奏者として活躍している村上圭子なども28回生

福永育子

山内正敏

松田俊哉

だ。
29回生には宮崎神宮近くで洋菓子店「Mblue」を営む本多吉人や、弁護士の黒木昭秀がいる。
30回生には東京・聖母病院院長の甲斐崎祥一、本の企画・編集を手がける「オフィス福永」を営む福永育子、宮崎県食品開発センター所長で農学博士の柚木崎千鶴子がいる。柚木崎はこれまでブルーベリー茶や県産キャビアなどの製品化に携わり宮崎の食を支える。遠山詳子は初代のブライダルマイスターとしてホテル業界などで活躍している。
31回生には山内正敏や松田俊哉がいる。在学中から勉強以外での行動が〝特異な存在〟であった山内は京都大学を卒業後、アラスカ大学地球物理研究所に留学して博士号を取得。現在はスウェーデン国立スペース物理研究所研究員で地球や惑星のプラズマ・電磁気現象（測定と解析）を専門に研究を行っている。松田俊哉は国士舘大学文学部教授として教鞭をとりつつ、画家として活躍。2001年青木繁記念大賞展特別賞、2003年伊豆国際美術展（IZUBI）大賞を受賞。2010年には本県美術の向上発展に寄与した功績が認められ宮崎県文化賞（芸術部門）を受賞している。

成井一充

図師伸一郎

山内康信

32回生には統計数理研究所所長の樋口知之、国際協力銀行アジア大洋州地域統括で活躍し、京都大学客員教授を務める堀口崇尚がいる。両者とも高校で開催されるキャリア教育「ハローワーク」の講師として参加し、後輩たちへ熱のこもった話をしている。宮崎のテレビやラジオでディレクター、タレントとして活躍しているのは「Mr.バニー」こと成井一充、軽妙な語り口で人気が高い。

33回生の森田圭子は埼玉県和光市で「わこう子育てネットワーク」の代表を務める。子育て支援や地域で支えあうネットワーク作り事業などを行い、子育て全般をサポートしている。これまで「チャイルド・ユースサポート章」「和光市福祉功労賞」などを受賞し精力的。図師伸一郎はDr.ZUMA（ドクターズマ）の名で活躍するマジシャン。テレビやディナーショーなどで独特な世界を展開している。医師免許も持ち、以前は大学病院に勤務していたという経歴も目を引く。

宮崎大学医学部附属病院救命救急センターでセンター長を務める落合秀信は34回生。「地域で最強の救急医育成」を合言葉に後進の育成に力を注ぐ。同じく34回生の山内康信は宮崎市内で野球関係の専門店「ボールパークドットコム」を開いている。野球

田中茂穂

岡本美津子

中村　薫

用具のメーカーとして全国展開をし、販売から修理、マネジメント業務などまで幅広くこなしている。

35回生には国立健康・栄養研究所部長を務める田中茂穂がいる。高度な測定法で1日のエネルギー消費量のデータを収集し、人が1日に消費するカロリーの推定法などの研究を行っている。また、身に着けて消費カロリーを推定する活動量計の開発や正確さの検証も行うなど、生活習慣病予防や肥満防止を側面から支援。岡本美津子は東京藝術大学の副学長。大学卒業後、ＮＨＫに入局し、編成、番組開発、制作、デジタルＴＶ、インターネット関連業務等をこなし、２００８年に東京藝術大学大学院の映像研究科教授として招かれ、現在に至っている。

36回生の中村薫は農学博士で現在は宮崎県農業試験場で花き部長を務める。花きの栽培・研究を行い、これまでにスイートピー19品種、デルフィニウム7品種の育成と生産振興等を行ってきた。園芸学会九州支部技術賞や学術賞など受賞歴も多い。松本玲は神戸で眼科医として「レイ眼科クリニック」を開業している。元横綱貴乃花夫人の花田景子は元アナウンサーとしてもよく知られ、タレントとして活躍中。

38回生の金丸孔一は薬剤師。漢方の麗明堂で、子宝相談を専門に受け付けている。豊富な知識から確かな実績を上げており、テレビ・ラジオにも出演し、国内外からの相談に忙しい。UMKテレビ宮崎でアナウンサーとして活躍している柳田哲志も見られる。

吉川宏志

39回生には歌人の吉川宏志がいる。第7歌集『鳥の見しもの』で第21回若山牧水賞を受賞し、中堅歌人として注目されている。高校時代、担任だった志垣澄幸の影響で短歌を作るようになったという。14回生の伊藤一彦が牧水賞の選考委員を務め、吉川にも大きな期待を込めている。

第二節　新しい時代へのチャレンジ

１００年の伝統に培われたチャレンジ精神

昭和63（１９８８）年は、宮崎大宮高校にとって大きな節目の年であった。旧制宮崎中学校が創立されたのが明治21（１８８８）年。敗戦後の学制改革による新制高校時代を経て１００年目となる年であった。それはまた新たな歴史を刻む年でもあった。この前後、さまざまな記念行事が催された。

しかし、この宮崎大宮高校１００周年の時代は、日本の大きな曲がり角の時代でもあった。昭和60（１９８５）年のいわゆるプラザ合意により、円高が急速に進むなか、日本経済はグローバル化に直面。製造業の海外移転が進む一方、地価と株価の高騰でいわゆるバブル経済となって、世の中は狂乱したのも束の間、１９９０年代に入るとともに、長い平成不況のトンネルに入っていった。そのトンネルは世紀をまたいで〝失われた20年〟とも呼ばれ、現在にもその影を投げかけている。そのなかで、新たな挑戦の形も生み出している。

〝グローバル化〟といわれるこの時代、高校をめぐる環境も大きく変化し、教育内容も〝ゆとり教育〟から〝特色ある教育〟への模索等、さまざまな取り組みが繰り返された。そうしたなかで、宮崎大宮高校の生徒たちはこの時代をどのように切り開いてきたのか。そこには宮崎大宮高校100年の伝統が培った〝自主自律〟の精神を活かしての新しい時代へのチャレンジ精神が脈々と受け継がれている。

100周年記念で昭和58年に開園した弦月庭園

100周年を迎えて

昭和63（1988）年に100周年を迎えた宮崎大宮高校は旧制宮崎中学校時代からの卒業生が約3万5千人、国内外で活躍するOB・OGも見られるなか、地元の中枢で活躍している卒業生も数多い。

100周年では卒業生と学校が一体となり、大きな節目をふさわしい行事や内容で祝っている。記念事業では事業推進の組織が作られ、総務委員の下に組織・募金委員会、百周年史編集委員会、記念会館建設委員会、式典・祝賀委員会、ＰＴＡ委員会、同窓会名簿発行委員会という7つの専門委員会が設置され、各委員長を中心に事業が進められた。

百周年を前後して、以下のように順次形になり周年事業は盛り上がりを見せた。

昭和58年　中庭に「弦月庭園」開園
　　東京弦月同窓会に同窓会旗贈呈
62年　百周年記念「同窓会名簿」発刊
63年　百周年記念会館竣工式、物故者慰霊祭
　　百周年記念音楽会開催
　　記念式典記念講演会（高島屋社長　日高啓氏「21世紀は君たちの時代だ」）
　　記念同窓会親睦ゴルフ大会（フェニックス高原Ｃ・Ｃ　168名参加）
　　百周年記念展（ボンベルタ橘　美術・書道・華道展、大宮百年資料展示）
平成元年　百周年祝賀会
平成3年　『大宮高校百年史』刊行

100周年記念事業で総務委員として関わっていた木村衣（10回卒）は、「各委員会に分かれて、それぞれの役割をみんな懸命にこなした。校長だった後藤賢三郎先生も募金委員会の委員

長として指揮をとられた。自ら寄付金集めにも走り回られ、先生のお人柄からか多くの寄付金を集めて来られた。活気に満ちていた」と語る。この時の寄付額は宮中、宮女、大宮の各卒業生からとその他募金などで1億3145万円にも上った。その氏名は百周年記念会館壁面の銅板に刻まれ、今も母校の発展を見守り続けている。その後に行われた祝賀会は、県知事や県教育長をはじめ多くの卒業生が集まり、総勢約2500人の参加を得て盛大に行われた。

大宮で培った将来への礎

長い歴史のなかで育った自主自律の精神、質実剛健の校風は醸成され伝統をつないでいる。学校行事や特別活動、部活動は生徒の自主性や創造性を育て、自主自律の精神が発揮され、磨きをかけていく場であった。このような場を保障し、生徒を尊重するところが宮崎大宮高校らしさであった。宮崎大宮高校らしさに育てられたことが、後の人生に影響している卒業生も数多い。

村岡浩司（40回卒　有限会社一平 代表取締役。一平寿司・タリーズコーヒー・九州パンケーキなどを展開）は高校時代は山岳部に所属。キャプテンとして全国大会出場も果たした。「部活はきついことも多かったが毎日楽しかった。競技は地味に見られがちだが、僕らのやっていることに意

廃校を利用したMUKASA-HUB。
常に新しいことに挑戦する村岡

義を感じてか女子の入部希望者もあらわれて、女子部ができるほど活気があった。顧問だった田中先生は部活を通して、学校生活とは違う僕らの個性を見い出してくれた」と語る。そんな部活動や学校生活を送るなかで「自分の思うように自由に生きていいんだ」という確固たる意志が生まれ、大学受験ではなく海外へ行くことを選択。自分ですべて手配して高校卒業と同時にアメリカへ渡った。アメリカでは語学を学んだ後、大学に入り見聞を広げ、起業のきっかけも見つけた。「主体的に動かない限り、何も変わらないし動かないということを改めて感じた。大宮の校風が育ててくれた礎があったことも大きい」。

岡田憲明（44回卒　スパークジャパン株式会社代表取締役社長）は学生時代のことを奔放だったと懐かしむ。短ランを着て通学、エスケープなどもやり、とがった生活を送ったそう。「先生方はそんな態度でも愛情を持って接してくれた。社会人と同等の扱いをしてもらった。だから、最終的には責任を持った行動をすることにつながったと思う」と岡田。高校を卒業後、大学に進学すると事業を開始、学生でありながら起業家としても力をつけた。「家が商売をやっていたから、自分で稼ぐことは普通のこと、という意識。サービスを提供して喜んでもらえ、その上で事業として成り立てばいい。高校時代のさまざまな経験が人として成長させてくれた」と語る。

岡田が経営するスパークジャパンの社内

宮崎市の繁華街にある「ゲーミグ」。ゲームソフトの販売やゲーム対戦ができるカフェとして知られ、土日や仕事帰りのサラリーマンなどで賑わいを見せる。ここの代表は平川優樹（48回卒　株式会社ミグ代表取締役、ゲームクリエイター、シナリオライター）、宮崎に店を出すかたわら、東京の大手ゲーム会社等との仕事もこなし忙しい日々を送る。

平川は平成5（1993）年の入学。中学時代から始めたボクシングにのめり込み、高校時代はプロを目指すほど熱中していた。進学校だから勉強は厳しかったが、好きなことをやるからには勉強も手を抜くことはしなかった。大学へ進学するつもりはなく、高校1年の時から「大学行かない宣言」をしていたそう。「若いうちにやりたいことをやろうと考えていたし、早く自分で稼ぎたいと思っていた。

周りは100パーセント進学を目指していて、先生方からもいろいろアドバイスをもらったが、考えは変わらなかった。でも、友人たちに勉強ができないから大学を諦めた、と思われたくないから勉強は頑張った（笑）」と語る。2年生になると、友人と漫才やコントをやったり、3年生では『劇団モナリザ』を結成し、ネタ作りやシナリオを書いたりして書くことや演じることにも興味を持ち、クラスメイトに披露してウケることの喜びを体感した。

ゲーミングの店内で中央が平川、左は同じく48回生の永野宗典。劇団「ヨーロッパ企画」を主宰している

ボクシングは体調の不具合からあきらめざるを得なかったが、卒業後は興味のあった料理の世界や劇団、シナリオライターなどを経験。ゲームクリエイターとしてタイトーに所属しながら、高校の友人と劇団を作ったりしてやりたいことをやってきた。「宮崎に根を下ろし、ストレス社会から少しは解放された感じ」という平川。進学校ながら大学には行かない、という変わった高校生だったが、当時の友人とは今でも一緒に仕事をしたりとつながりは多く、絆の深さを感じている。1990年末から2000年代初頭にかけて登場してきたアグレッシブ

な起業家や学生ベンチャー。自主自律の校風に育てられた部分もあったと振り返る。ブームに流されずに着実に事業を展開し続ける3人には、これからも期待の目が向けられる。

ゆとりある学校生活のなかで

一方この頃の学校は、当時の学習指導要領「ゆとりある充実した学校生活」の趣旨に沿って週時間数が36時間（教科34、必須クラブ1、LHR1）体制をとっていた。教育方針としては特色ある学校づくり、個性を生かす教育、ゆとりある充実した学生生活、勤労体験及び徳育・体育の重視である。

しかし一方で、金丸勝弘（41回卒　宮崎大学医学部附属病院救命救急センター・副センター長）は「クラスのみんなで受験に向かうという気迫にあふれていた。3年生になると日曜日も学校に行って勉強をしていた。受験では自分の実力よりも上を目指すというのが一般的だった。友人と冗談

ゆとりある充実した学校生活を謳歌

で『落ちたらみんなで補習科に行こう』と言ってたら、本当に行く羽目になって落ち込んだが、切り替えてもう1年間精いっぱいやった」と言う。生徒たちからすれば、〝ゆとりある〟に疑問を持つ者もいたようだが、受験に向けて切磋琢磨している様子がわかる。

クラスや団の結束が生まれる体育祭

平成2（1990）年に入学した金丸潤平（45回卒　小玉醸造合同会社杜氏）がもつ当時の学校の印象は〝自由〟。校則で縛られることはなく、制服の着こなしも男子は短い丈の学ランにボンタンと呼ばれる丸まった形のズボン。女子はルーズソックスに髪の毛には軽いパーマを当てている生徒もおり、学園ドラマさながらのスタイルがはやったという。「制服などに関しては、学校はおおらかな対応だった。生徒は勉強はしっかりやったし、学校生活は真面目だった。文化祭や体育祭などはクラスや団でまとまってみんなで創り上げていく感じが楽しかった」と思い出す。

3年生の時は体育祭でリーダーになり、空手の型を入れた応援スタイルを作って独自性をアピール、応援賞を手にすることができた。進みたい道が明確に決まっていたため私立大学を希望していたが、国公立受験も勧められ多くの生徒とともに受験した。「当時は国公立大でいかに合格者を出すかということに先生方が傾注していたような気がする。文化祭などが終わると一気に受験ムードになっていた」と金丸。

メリハリのある学校生活こそが次なるステップへの糧となる。多くの大宮生はそう過ごしてきた。

文科情報科の創設から

現在、宮崎大宮高校には普通科と〝ブンジョウ〟と呼ばれる文科情報科の2科がある。

文科情報科は平成元（1989）年に新設され、全国でただ一つということもあり注目を集めた科である。設立のテーマは、来たるべき国際化や情報化に備え、生徒一人ひとりの文化的特性や能力を一層伸ばして世界レベルで活躍できる人材、グローバルリーダーを育成すること。

宮崎県で初めて普通科に進学を目的にした専門学科ができたのは、昭和50（1975）年の宮崎西高校理数科。これからの社会を見据えて科学技術に強い子どもを育てよう、と全国各地に理数科が作られたのと同じ頃で、その後理数科は多くの優秀な人材を輩出し現在に至っている。平成16（2004）年には宮崎南高校に文科総合学科（同23〈2011〉年にフロンティア科へ）、宮崎北高校にサイエンス科という新学科が登場し、普通科の進学校にそれぞれ特色がプラスされた。

文科情報科は情報読解、国際情報、コミュニケーション概論の3科目を中心に、英語漬けの合宿「グローバル・キャンプ」など特色のある教育内容が施されている。

文科情報科1期生の宮野原佳（44回卒　JR九州宮崎総合鉄道事業部長）は、「中学時代から大宮高校の自由な校風を感じて憧れみたいなものがあった。文系が好きだったし歴史学者になりたいと考えていたので、大宮高校を選択した。文情には県内から優秀な生徒が集まると聞いていたが、前例がないため全く様子が分からないまま受験した記憶がある」と語る。

1期生は94人が入学、入学式とあわせて執り行われた生徒会入会式では宮野原が「誓いの挨拶」に抜擢され、100周年が終わったばかりだったこともあり「101年のリスタート」を宣言した。

文科情報科ができ新たなスタートを切った入学式

学校生活が始まると「勉強漬けの日々」という記憶しかないと宮野原。休み時間には国際情勢などをテーマに友人同士で議論を深め合うこともたびたびだった。個性派が勢ぞろいという文情1期生だったが団結力があり、文化祭や合唱コンクールなど行事を通して絆を深めた3年間でもあった。「勉強、勉強で苦労もあったが、みんなで協力しながら頑張った印象が残る。その苦労の分、自信も生まれた」。

文科情報科3期生の成見暁子（46回卒　弁護士）は「私は憧れの先輩が大宮に行ったから、大宮を選んだけど（笑）、周りはみんな志を持って来ていて、随分刺激を受けた。入学して初めての英語の授業を先生が全て英語でされて圧倒された」と語る。他に新しい試みとしてディベートの時間が設けられたり、論文作成なども経験。「個人の論文であっても、ありきたりな文章を書いているとすぐに友人に批評される。しっかりと自分の意見を持つことや議論できる知識や力を持つことが文科情報科では要求された」。

創設から数年経つと、文科情報科の位置も明確なものになってくる。平成9（1997）年入学の梅﨑哲矢（51回卒　医師）は「先輩からも中学校の先生からも、文科情報科での勉強の環境や学校の雰囲気など、大宮の良さを聞いていた。医者を志していたが、自分には大宮が合っていると思って文情を選んだ」と語る。入学すると放送部に入部しNHKコンクールで全国大会へ出場するなど、勉強と部活の両立は充実した日々だったという。梅﨑と同級生でクラスも一緒だったという平井祥子（51回卒　県職員）は「文情には個性的な人が多かった。少数派の集まりで周りを一切気にしないという独特な雰囲気があったが、みんな高い志を持っていた。私は吹奏楽部に入り部長を経験、県総合文化祭で県代表に抜擢されて全国総合文化祭を経験できたのはいい思い出」という。文科情報科であっても部活動がやりたければ、部活を楽しむ、というスタイルはいつの時代も変わらない。

平成14（2002）年入学の金丸祥子（56回卒　弁護士）もかるた部に入り、部活との両立を実践した一人。「かるた部は強くて、県内では常に上位。最後の大会では全国を経験し、9月まで部活漬け（笑）。睡魔に襲われ自宅で勉強ができないことも多かったから、休み時間はひたすら勉強をしていた。宿題は容赦なく大量に出されたが必ず提出する、という自分なりの考えをなんとか続けることができた」という高校時代は、これまでの人生のなかで一番忙しい時期だったと感じている。そこで身につけたタフさや自己管理意識が今の仕事に役立っているそう。

金丸は英語に関心が高く、英語をしっかり学べる環境を求めて文科情報科を志望。自由で自立している生徒像には憧れを持っていたという。「私たちの同級生は80人中、男子は16人。下宿をして通っている友人もいて励まされた」。

文科情報科には生徒自身が課題を作り、自ら研究を深め結果を論文にまとめる『郁文』の発行が年1回ある。文情の1～3年生240人分が1冊にまとめられ、読み応えのある論文集として知られる。「全員分の論文が読めるのが毎年楽しみだった。友人や先輩たちがどういう考え方をしているのかがよく分かるし、自分も論文に向き合い、人に伝える文章を書く勉強になった」と金丸。弁護士として働く今も文章を書くことは多いが、『郁文』で鍛えられた力が大いに役立っているそうだ。『郁文』発行は、文情の創設時から始まり今も引き継がれている。期待の中で誕生した文科情報科。目標とする教育に向けて独自路線の確立に突き進んでいった頃である。

活発な総務委員会

伝統をもつ宮崎大宮高校の総務委員は行事の企画や運営から、日常生活で起こる問題の解決、不合理と思われる校則の見直しまで幅広く行っている。

現在、弁護士として活躍する成見暁子（46回卒）は平成3（1991）年の入学。中学の時に生徒会を経験し関心が高かったため、1年の後期から総務に参加、3年生の前期まで4期務めている。期間中はさまざまな問題に取り組んだ。「学校は自転車に巻き込む危険性などを指摘していたが、不合理だと考え『マフラー解禁運動』を総務が中心に行った。しかし、冬に盛り上がる運動を夏に維持できず、成果を出すことができなかった」と語る。

これまでの長い歴史を見直すような出来事も経験。「大宮の校章って女子は制服の襟につけることになっていたが、男子は当時校章付きの制帽をかぶるということで、制服の襟にはつけなくてよかった。でも帽子をかぶって通学している生徒は少なく、校門に先生が立つ検査の日、検査のときだけかぶるという生徒が多かった。一方、女子は校章がついていないと、先生方に注意されるという状況。この状況についてみんなで考える機会を作り、生徒にアンケートをとったり論議したりしてみんなの声をまとめた。その後先生方と話し合いをもち、制帽の廃止を決定、男子生徒も校章を制服の襟につけることが決まった」。

いつの時代も学校をリードしてきた総務

　宮崎大宮高校総務委員会の伝統である主体的な活動により、生徒にとってもルールの在り方を再確認する機会となった。いいものは残す、しかしより良い学校にするために、たゆまぬ改革を続けてほしいと後輩への思いを抱く。

　平成16（2004）年入学の日高葵（59回卒　㈱訪う代表取締役社長）も総務委員長の経験者。中学校では生徒会長を経験、高校では先輩が生き生きと活動する姿を見て総務に立候補した。1年上の先輩たちは、文化祭の実行委員を「弦月祭実行委員会」と名付けて部門制にし、総務は全体統括というスタイルを作った。この年からホームルームの発表がなくなり、文化部発表と合唱コンクールを中心とした新しい弦月祭が行われている。運営を統括する総務の先輩たちには刺激を受けたという。「企画したりすることが好きだったから総務をやった。しかし、うまくまとめることができず、自分の力量の無さを実感していた」と語る。総務担当の先生からは、容赦ない厳しい言葉とともに温かな指導をもらい、人間的な成長を遂げる機会となったそう。大学卒業後は外国での勤務などを経験し、現在は宮崎市内で起業。企画力を生かし新しい事業を展開中だ。

総務で培った行動力はその後の人生でも、大いに役立っているようだ。

長かった65分授業

平成7（1995）年、県内初となる65分授業が導入された。

「大宮らしさ」「伝統校らしさ」とは何かを全職員で見直し、研究して65分授業に至ったという。65分になることで一週間で90分ほどの授業時間をプラスでき、授業内容の充実を図る、生徒への指導が徹底できる、放課後活動にも影響は出ない、ということなどで実行に至った。さ

勉強時間は長かったが、弦月祭の時などはやりくりをして楽しみながら準備をした

らに教師や生徒の意識改革も目的の一つだった。
50分授業に慣れ親しんでいた生徒にとって、慣れるまでは時間のサイクルを体に染み込ませるのに苦労があったそう。「僕たちは入学した時から65分授業、長くてびっくりした。長時間なので、集中力が続かず苦労した。よく時計を見て、まだこんな時間か……とがっかりした記憶がある（笑）」と語るのは文科情報科の梅﨑哲矢。その上、宿題が多く家に帰っても勉強、勉強であった。「僕は放送部に入って学校生活も充実していたけれど、授業の後に部活して帰ったら自宅での勉強はなかなかはかどらなかった。宿題だけで精いっぱいだった」。
同級生でクラスも同じだったという平井祥子は「65分授業は長くて、退屈な授業になると余計その長さを実感した。なかなか慣れることができなかった」と語る。しかし、「時間をかけて考えさせる指導ができるようになった」など、教師からは利点を認める声も多かった。生徒の方も慣れてくれれば、授業への興味関心の高まりを示すなどある程度の効果は見られるようになっていたという。

平成15（2003）年になると、学習指導要領の改訂が行われ、総合的な学習の時間と情報の時間を確保しなければならなくなったこと、大学入試センター試験の受験科目の増加がありカリキュラム運用が難しくなったこと、教員の異動、時代背景等が考慮され、検討の結果、同17（2005）年に65分授業は終了、以前の50分授業に戻っている。
ちょうど10年の節目に終了を迎えた。

合同選抜制廃止

昭和38（1963）年に始まった合同選抜制度。導入決定の際に、県教育委員会が説明したのが以下の内容であった。

「同じコースを持ち、規模を同じくする同一市内の学校の教育の機会均等をはかり、両校を等質化する必要に迫られて実施に踏み切った。しかし合同選抜だけでなく、両校の施設、設備、教員などの条件も同じにする必要があり、新設校は重点投資を行って、既設校に劣らないようにしていきたい」。

この件については第2章でも触れたが、同37（1962）年に開設された宮崎南高校と宮崎大宮高校との学力格差を生ませない、生徒の意識を平等なものにする、などの考えがあってのことだった。合同選抜制が設けられた後、宮崎西高校、宮崎北高校も新設され同制度は定着していった。平成12（２０００）年には普通科系専門学科・コースと普通科の併願が可能となったり、推薦枠を各校10～50パーセントの割合で設定するなど、規制は次第に緩和されていった。

いつまでも「選ばれる学校」として

同15（２００３）年には「新設校を育てるという歴史的使命は果たせた」という判断から、合同選抜制は廃止された。さらに平成20（２００８）年からは通学区域が全県となり、学区制の方も消えていった。

当時高校生だった金丸祥子は「私たちの時から文科情報科と地区の普通科との併願ができるようになった。以前は文科情報科を受験して失敗したら、滑り止めの私立高校に入学した。普通科の併願ができるというのは気持ち的に随分楽になった」と語る。

現在、県内の高校はそれぞれの個性や特色を打ち出し生徒獲得に力を入れている。宮崎大宮高校の取り組みとしては、「中高連絡協議会」「塾高連絡協議会」を開催し、中学校の進路指導担当者や3年担任、さらには学習塾関係者等を招き、学校紹介や宮崎大宮高校が目指す方向性や現在の取り組み事項などを報告し、中学生の進路実現の支援を行っている。

いずれの高校も実施している取り組みとして「オープンスクール」がある。もちろん宮崎大宮高校も取り組んでいるが、大宮らしく運営や進行は生徒主体で行われる。生徒による学習会や交流会を組み込んで、宮崎大宮高校での充実した学校生活を伝えている。さらに、「中3生のための『交流会』及び『学習会』」も実施し、文科情報科生との交流会や宮崎大宮高校の教師による学習会なども開催して、宮崎大宮高校を知ってもらう努力を行っている。そのような努力によって保ち続ける〝大宮ブランド〟の浸透により、県内各地から宮崎大宮高校を志望する傾向が見られている。平成29（2017）年度は都城、日南、小林、西都、高鍋、新富、川南などから多数が集まっている。

自分で高校を選べる時代だからこそ、選ばれる高校であり続けることを期待したい。

〝起業〟を支える〝大宮スピリッツ〟

大学時代に起業したたくましい卒業生もいる。

平成19（2007）年に入学した平林聡一朗（62回卒　㈱ベジオベジコ代表取締役）は、宮崎の農家と東京の消費者をつなぐ新しい形の事業を進めている。平林が広い視野を持ち、柔軟な考えを持てるようになったのは、高校時代の留学と大学時代に東日本大震災の被災地支援に行ったことが大きいという。

中学時代は生徒会を経験し、高校にも志を持って臨んだが「周りのみんなが優秀で驚いた。これは自分を変えて、もっと輝けるようにならなければ」と考え、留学を決意、2年生の時だった。進学などを考慮して反対する教師もいたが、飛田洋校長（2008～2010年）は「やりたい時にやることが大切」と認めて送り出してくれたという。

幅広い知識を身につける総合学習

留学先はアメリカオレゴン州、メキシコからの移住が多くアジア人は1人という環境の中で1年間を過ごした。「留学先で自分の居場所は自分で決めなくてはいけないことを痛感。大きなスケールで物を考えることの大切さを知った」と語る。留学後は、復学し大学へ進学した。

大学生の時に東日本大震災が起こり、支援に出かけて畑作業やワカメ養殖の現場を手伝い、身近な場所や地域、地方の抱える課題に目を向けるように。口蹄疫や鳥インフルエンザで疲弊している宮崎の現状に、地元のためにできることは？　それをやるのは自分しかいない、という意志が芽生えた。

地元に帰り農家の現状を見て回り、始めたのはスムージー用青果セットのネット販売。健康ブームやスムージーブームが起きていたことに目をつけ、スムージー用に宮崎の新鮮野菜を選んで届けるサービスを始めた。これが芸能人や人気モデルの間でヒットし話題を集めた。さらに無農薬野菜の需要に応えるべく野菜や果物のデリバリーサービスを開始。「宮崎をはじめ、九州のおいしい野菜を気軽に食べてもらいたいと考えた。東京で九州産、宮崎産というとブランド力が高く喜んでもらえる。さらに農家の顔が見えることで安心感や繋がりも大事にしたい」と平林。都内ならば注文から最短1時間で届けるシステムを構築、会社スタッフが届けるためコミュニケーションの輪も広がっている。また、平成29（２０１７）年には文京区根津に八百屋もオープンし、宮崎をはじめ九州の野菜や果物を販売している。これからは、宮崎でも問題となっている遊休農地などの対策として、都会の若者と農家とのマッチングから始めてみたいと抱負を語る。

「消費者も喜び、宮崎や九州の農家も喜ぶシステムを考えてきた。まだまだやらなくてはいけないことはたくさん。それが宮崎のためになれば」と続ける平林。高校時代の留学で得たバイタリティーと、大震災支援での地域との出会い直しが仕事を生み、育て、さらに高みを目指している。それはまた2000年代に入っての若き起業家たちを支える〝大宮スピリッツ〟の新たな展開でもある。

大宮スピリッツは永遠に

昭和63（1988）年に100周年を迎えた宮崎大宮高校。伝統のなかで確立されていった学校生活は時代に翻弄されながらも、各時代ごとのカラーをまといながら新たな100年へ向かって走り出した。

生徒たちは、国公立大学一辺倒から私立大学や自分がやりたいことを実現するための通過点として大学を選ぶようになってきた。社会では終身雇用制度の崩壊が起こり、教育改革によりゆとり世代という層が生まれ、フリーターなる言葉も定着してきた感がある。一方で若者の起業も増えてきた。そんな時代の生徒たちのその後を追う。

40回生の村岡浩司は、レタス巻き発祥店として知られる「一平寿司」や「九州パンケーキ」、「タリーズコーヒー」などを展開する有限会社一平の代表取締役を務める。宮崎のまちづくりや地産にこだわった商品づくり、さらには、宮崎市高岡町の穆佐地区にある廃校を使ったコワーキングスペースを展開するなど、独自スタイルのビジネスは常に注目されている。同じく松田慎介は宮崎市内で「ショットバー馬車屋・ポトリージョ」を営み、中心市街地の活性化事業や「まつりえれこっちゃみやざき」では立ち上げから関わり、「みやざき国際ストリート音楽祭」でも運営に携わっている。

村岡浩司

金丸勝弘

宮崎香織

41回生には宮崎大学医学部附属病院救命救急センターの副センター長でドクターヘリ救急診療を専門とする金丸勝弘がいる。同病院で救命救急センターが設置され、ドクターヘリが運行を開始したのが平成24（2012）年だが、設置やドクターヘリの運行に関しては、金丸らの働きかけが大きかった。県外で救命救急に関わっていた金丸は、深い山間部を持つ宮崎県にこそ、救命救急の必要性を強く感じていた。提案からドクターヘリの導入、周辺の環境整備などを経て、運行開始まで足かけ7年かかった。「救える命を救いたい」という思いが叶い、確実に宮崎の救急の現場は好転してきた。また、同センターにはセンター長の落合秀信（34回卒）、救急科専門医の宮崎香織（57回卒）、救急科専攻医の島津志帆子（59回卒）などの宮崎大宮高校出身者が見られる。「広い知識を持ち、すべてを助けられる医者でいたい」と、救命への思いは熱い。

山本一秀

宮野原佳

岡田憲明

こだわりの栽培技術で美しい胡蝶蘭栽培を手がけるのは、愛華園芸株式会社を営む桑畑新一。これまで全国の品評会で農林水産大臣賞（全国1位）を3度受賞したのをはじめ、その他数々の賞を受賞し、宮崎県の花卉業界を引っぱっている。

43回生は宮崎市内で「LE POTIRON」を営む山本一秀がいる。気軽なビストロといった雰囲気で、美味しい料理とワインが人気の店。

44回生には、ＪＲ九州宮崎総合鉄道事業部長を務める宮野原佳がいる。車社会である宮崎の地で、鉄道の魅力の発信や宮崎駅西口開発など駅を核としたまちづくりに向けた動きなどで奮闘中。「働く者が誇りを持てる会社にしてしていきたい」と幹部としての思いも口にする。岡田憲明は宮崎市に拠点を構えるスパークジャパン株式会社の社長を務める。ウェブサイト構築やシステム構築などから業務システムの開発などを行い、宮崎にいながら日本を見据えた展開を行う。

45回生は日南市の「小玉醸造」で杜氏をしている金丸潤平がいる。金丸は素材や製法にこだわり、本人の名前を冠した「杜氏潤平」シリーズなどを筆頭に多数の焼酎を造っている。「焼酎を飲めない人でも飲めるような焼酎」という優しい飲みやすさが味

金丸潤平

川越塔子

平林泰三

の特徴という。オペラ歌手として活躍中の川越塔子は東京大学法学部卒業後、武蔵野音楽大学大学院に進み「東大卒のオペラ歌手」としてプロデビュー。オペラからミュージカルナンバー、シャンソンまでを得意とし、コンサートなどで忙しい。外山たつみはたつみ流着付け教室を主宰。「多方面から着物をもっと楽しむ」をコンセプトに着付けレッスンをはじめ、デニムきもののブランドを立ち上げるなど、着物文化を発信し続けている。

46回生の平林泰三はアジア初のフルタイムラグビーレフリー（プロレフリー）として世界で活躍。ラグビー強豪国で占められていた国際大会の舞台にも進出している。さらにラグビー日本代表のスタッフとしてゲームの分析やレフリー対策などを担当、２０１５年W杯で南アフリカ代表選に勝利するという大金星に貢献している。コーチングコーディネーターや講演会での講師、トークショーなどでも活動中。

成見暁子は弁護士。現在、宮崎中央法律事務所に勤務し、宮崎県弁護士会では副会長も務めた。すべての人が個人として尊重され人権が守られる、平和で民主的な社会を守り発展させることが信条と語る。弁護士では他に、54回生の牟田圭佑や56回生の金

金丸祥子

平川優樹

藤木大地

丸祥子などもいる。

47回生にはバスバリトン歌手で活躍している川田知洋がいる。オペラの出演やコンサートなどで隅々まで通るバスバリトンを聞かせる。

48回生の平川優樹は株式会社ミグの代表取締役。宮崎市の四季通りの一角に店を構え、ゲームソフト販売やゲームの対戦場所の提供、イベントの企画などを行っている。一方でゲームクリエイターやシナリオライターとしても活躍。

50回生の藤木大地は国内外で活躍するカウンターテナー歌手。平成29（２０１７）年、ウイーン国立歌劇場にデビューし、本場の観客をうならせた。ＮＨＫニューイヤーオペラコンサートにも5年連続で出演、平成30（２０１８）年の10月に公開される村上春樹の映画『ハナレイ・ベイ』の主題歌を歌い、メジャー・デビュー。アルバム『愛のよろこびは』もリリース。音楽家といえば52回生の山内達哉はヴァイオリニスト。演奏活動はもちろんのこと音楽プロデューサーなどもこなし、各地の音楽祭を成功に導いている。

51回生には女性バーテンダーの蛯原三奈がいる。国内のカクテルコンペティションで日本一を3度経験するなど高い実力を持つ。日南市の京屋酒蔵が発売しているプレミアムクラフトジン「ＨＩＮＡＴＡ」では総合監修マスターブレンダーを務めている。現在は東京を拠点に活躍中だ。人気ラーメン店「屋台骨」の社長を務める田中周作も51回生。

蛯原三奈

松崎悠希

黒木信吾

テレビや映画などで活躍をしている卒業生も見られる。52回生の山田キヌヲは女優としてテレビやCMなどで活躍、同じく52回生の松崎悠希はハリウッドに進出。アメリカを拠点に活動し、『ラストサムライ』『パイレーツ・オブ・カリビアン』などに出演、好評を得ている。テレビや雑誌でモデルとして幅広い活動をみせる神戸蘭子は53回生。

新しいビジネスモデルを作り上げ活躍している者もいる。54回生の黒木信吾は株式会社コンペイトウの取締役。「宮崎の一次産業を盛り上げたい」との思いもあり、オフィスで手軽に食べられるスティック野菜やカットフルーツの配送をする「OFFICE DE YASAI（オフィスで野菜）」を考案。働く人たちの野菜不足を手軽に補える点や健康志向の高まりなどもあり、ベンチャー企業から大手企業まで８００社余りとの取引が成立している。同じく野菜の配送やスムージー用青果セットの販売で力をつけているのが、62回生の平

平林総一朗

市原佳奈

林総一朗が代表を務めるベジオベジコ。宮崎をはじめ、九州の安心で安全な野菜をネットで販売・注文を取り、宅配するという便利なシステム。東京都の場所によっては注文から1時間以内で商品を届けるというスピード感も魅力の一つになっている。

55回生の林真依は、外資系コンサルティングファームに所属するコンサルタント。経済産業省などの中央省庁や全国の地方自治体と共に、子育てや介護で離職した女性の復職支援や、未来を担う子どもたちへのICT教育の推進など、社会課題の解決に奔走する。自身もロールモデルとして国際女性デーなどのイベントでパネラー登壇するなど活躍が見られる。

地元に残り宮崎の産業を支えるのは、55回生で川越紙店の川越大輔や56回生で宮崎運輸の社長を務める藤元昭太など。宮崎運輸の会長、藤元昭二郎は宮中51回生だ。書家の市原佳奈（雅号・市原明華《めいか》）も56回生。市原は鳳書道会を主宰し、読売書法会の理事なども務める。個展の開催や教室の講師等で活躍し、若き書家として注目が集まる。

57回生にはシンガーソングライターとして活躍する一木彩也香がいる。１２９周年弦月同窓会で歌声を披露したのは記憶に新しい。

58回生の小松山和良はD-rectという会社を起業。人事採用のコンサルティング会社として宮崎の企業や就職活動の人を応援している。同窓の李元良輔は、チアリーディング日本代表選手として、平成21（2009）年に、世界選手権に出場し、金メダルを獲得。現在は、少年チアリーディングチームHEROESを立ち上げ、直木賞作家・朝井リョウ著「チア男子!!」の舞台化や映画化の監修を務める。

59回生の日高葵は海外をまわり、同29（2017）年にインバウンド受け入れ支援事業を軸にした株式会社訪うを設立。翻訳とウェブマーケティングを軸に、インバウンド・マーケティング・コンサルティングなどを行っている。

李元良輔

日高　葵

テレビの業界で頑張る卒業生も多い。UMKテレビ宮崎には60回生の玉田彩香が報道記者として、61回生の藤﨑祐貴と62回生の永井友梨は同局のアナウンサーとして活躍、同じく62回生の小野彩香は朝の情報番組「めざましテレビ」でお天気キャスターを務め、その後テレビ西日本の『ももち浜S特報ライブ』という番組でメインキャスターとして活躍中だ。

66回生の清水玲と宮本佳奈はMRT宮崎放送に同時入社でともにアナウンサー。「宮崎に貢献していきたい」と意気込みを語る。

第4章

明　日　へ

現代を生き、明日へつなぐ

前列右から小宮あかり、花香寿鶴、甲斐絢音
後列右から岩切太志、柳田航成、桑畑純

参加者
小宮あかり（普通科・書道部）
花香《はなか》　寿鶴《すづ》（普通科・歌留多部）
柳田　航成（普通科・カヌー部）
岩切　太志（普通科・卓球部／生徒会総務委員長）
甲斐　絢音（文科情報科・女子ソフトボール部）
桑畑　　純（文科情報科・音楽部／応援団）

第3章までは新制宮崎大宮高校の70年を中心に振り返ってきたが、本章では在校生にスポットをあててみたい。現代っ子が宮崎大宮高校の伝統や歴史をどのように感じ育てているのか、その高校生活を座談会形式で語ってもらった。

出席してもらった6名は全員2年生。それぞれ部活動に所属し、勉強と部活動の両方を頑張っている後輩たちである。後輩たちの話から、今の高校生活を紹介したい。

なぜ宮崎大宮高校を選んだのか?

柳田　家が近いという大きな理由はあったが、大宮高校には、歴史があり生徒のレベルが高いというイメージを以前から持っていた。実際、先輩などを見ると知的な感じがして心が惹かれた。

岩切　オープンスクールに参加してみて学校の雰囲気がとても良かったのが決め手。中学校の先輩からも「楽しい」と勧められた。大学進学も考えていたので、大宮高校ならば叶えられると思った。

花香　自ら進んで勉強できる環境を探した。大宮高校には習ったことをとことん追求できる、勉強できる環境があると感じた。オープンスクールも楽しくて雰囲気が良かった。

小宮　中学の時にはまだ将来の夢が描けていなかった。だから、普通科に入っていればそこから将来を考えても間に合う、大学にも行けると考えた。

甲斐　夢は小児科医。高校はそこに行きつくまでの通過点という感覚で探した。オープンスクールで文科情報科を見て夢の実現につなげられると思い、この科で学ぼうと思った。

桑畑　祖母と父親が大宮高校出身で小さな頃から大宮のことは聞いていた。そのうちに〝大宮ブランド〟というものを理解するようになり、自然にこの学校を選んだ。

実際に学校生活を送ってみて、どんな学校だと感じているか?

花香　〝人〟がおもしろく会話も楽しい。一人ひとり特技を持っていてみんなすごい人ばかりだと感じている。そんな人たちと頑張りたくて大宮に来たから充実した日々を送れている。

岩切　自分は総務委員長をやっているが、やりたいことができる学校だと思う。自分たちで考えたことが実現できる楽しさを実感している。もうすぐオープンスクールがあるが、これも総務主催。中学生の目線を大切にしながら自分たちが伝えたいことを形にしていきたい。

柳田　大宮高校は自由で雰囲気もゆるい感じがするが、それは先生方が生徒のことを信頼してくださっているからだと思う。勉強をするにも、部活動をするにも、環境が整っている。生徒は主体性を持ちながら伸び伸びと過ごせていると思うが、どのクラスを見ても勉強に励む時はしっかり励む姿が見られ自分も刺激を受ける。

小宮　人がいい、と感じる。伸び伸び過ごせている。

甲斐　高校に入って世界がとても広がった。夏休みにカナダ留学を予定しているが、周りの環境に感化されて決めた部分は大きい。

桑畑　大宮高校には「自分がこの学校を変えてやろう」という人たちが多く、みんなで新しい大宮を作ろうという空気がある。特に総務などを見ていると自主性があると思う。また、先生方は優しく、分からないところは分かるまで教えてくれる。質問しやすい雰囲気があり、とことん付き合ってくれるのでありがたい。

学校生活で一番楽しいことは？

小宮　部活動。一時期、部活動と勉強の両立に悩んだことがあった。思い切って部活動から離れてみたが、その時に親身になって支えてくれたのは部活動のメンバーだった。離れてみて仲間の大切さがわかり、部活動を離れることの寂しさを痛感した。部活動と勉強を両立することが学校生活をさらに充実させてくれることにつながると思う。

甲斐　自分も部活動をやめようと思った時期があった。しかし、クラス以外に仲間ができたことは大きなことであり、いい意味で息抜きできる場所にもなっている。今年はキャプテンにもなった。大変さを極めると、行き着くところに意義があると思っているので最後まで頑張りたい。川南町から電車で通学しているが、時間の使い方や勉強の仕方を自分なりに工夫している。いろいろ考えて試すのが楽しみの一つになっている。その効果が得られたときは「よっしゃ！」って気分になる。

桑畑　朝の10分間読書『ポレポレタイム』が楽しみ。勉強が忙しく、家では読書の時間がとれない。だからポレポレタイムは心安らぐ時間になっている。

花香　授業が楽しい。ハイレベル講座ではさらに素晴らしい授業を受けられるので、勉強の楽しさを実感している。友人たちと教え合ったりできる環境も嬉しい。また、部活動と両立している友人が多く励まされる。部活動では歌留多部に入っており、今年も全国大会への出場を決めた。大宮は全国出場の常連校として知られ、大会に行くと一層その重みを感じる。昨年はベスト8までいっているので、その伝統の火を消さないようにしていきたい。

岩切　いろんなことを広く浅くやっていきたい。1年生の時に勉強をあまりやらなかったので勉強のきっかけを作ろうと英単語だけを毎日覚え続けた。単語に関しては成果が見られ、勉強への意欲にもつながっている。2年生では語彙力をつけるのが目標、コツコツやっていきたい。

柳田　カヌー部に所属しているが練習は宮崎商業高校と合同。普通科と商業科の違いや考え方など、学校によって随分違うことを改めて知り、人生観を養えている。商業科と同様にきつい練習を頑張っているので、勉強にも集中できる。部活動はそんな支えになっている。

大宮の伝統を感じることはあるか?

桑畑　応援団に入っているが自分たちは１０３代目になる。応援で使用する看板はボロボロで、先輩方からつながってきていることを実感する。応援歌や応援の仕方なども多分昔のままだと思う。応援をしながらその歴史を感じている。

花香　歌留多部は20数年続けて全国大会に出ている。周りの環境が変わっていくなかで、大宮高校は勝ち続けるのが伝統という印象。それと大宮の制服も伝統を感じる。昔のままの形で最初はインパクトが大きかったが、今では馴染んで愛着をもっている。伝統校ならではといった感じが好き。

桑畑　ＯＢの方々が身近に多く、大宮高校生だと知るとよく声をかけてくださる。

これからの夢とその実現をどう描くか?

柳田　夢はまだ決まっていないが、まずは部活動のカヌーで活躍し、インターハイに出場してみたい。歴史に名を残せるような選手になりたい。

岩切　高校時代にしかできないさまざまな経験をしていきたい。

花香　小さい頃からずっと夢は変わっていない。そのために高校では勉強や部活をしっかりしておきたいし、コミュニケーション能力を高めておきたい。今度の文化祭ではバンドでステージに上がってみたいと思っている。人と触れあえることやつながりを持つことが大切だと思う。

小宮　薬剤師になりたい。勉強しなければいけないが、部活動との両立を選んだ。部活動はハードだが自分がやりたいと思って始めたことだから、責任を持ってやり遂げ結果も残したい。勉強の質を上げることで夢を実現していきたい。

甲斐　小児科医になりたい。勉強はもちろん大事だが、人のために行動することを心がけたい。勉強ができる人が必ずしもいい仕事をするとは限らない。人に気を使える、困っている人には手を差し伸べられる、そんなことを普通にできる人になりたい。そして人に応援されるような医者になりたい。

桑畑　昨年、宮崎大学で行われた医師フォーラムに参加、地域医療に興味をもち医者になりたいと思った。そこで、宮崎の優秀な人材が県外に出ていると聞いた。県外で腕を磨くことも大切だが、その後は宮崎の医療に従事し、宮崎の医療を良くしていけたらと思う。そのためにも勉強と同時に視野を広げていくことを心がけていいたい。

宮崎大宮高校130年の歩み

年	月日	学校の動き
明治21年	1月7日	宮崎県議会が尋常中学校設置を決議し、設置を認可
明治22年	1月17日	尋常中学校開校式を実施。77名入学
明治29年	1月10日	宮崎町大淀村組合立高等女学校開校式を行う。99名入学
明治32年	4月1日	尋常中学校を宮崎県宮崎中学校と改称、両町村組合立宮崎県高等女学校を廃止して、宮崎県高等女学校を設立
明治34年	9月10日	宮崎県宮崎中学校を宮崎県立宮崎中学校と改称
大正7年	4月1日	宮崎県高等女学校を宮崎県立宮崎高等女学校と改称
昭和18年	4月1日	宮崎県立宮崎高等女学校を宮崎県立第一宮崎高等女学校と改称
昭和23年	4月1日	学制改革により宮崎県立宮崎中学校、第一宮崎高等女学校、宮崎商業学校、宮崎女子商業学校の合併で、宮崎県立宮崎大宮高等学校発足。総合高等学校として普通・商業・家庭の三学科と夜間部を設置。職員80名、生徒総数2700名
		初代校長に野村憲一郎就任
	4月30日	開校式を行い、時間割を発表
	6月5日	最高自治委員の選挙を実施
	8月15日	講堂落成式
	9月1日	通信教育部を設置

	9月22日	アルバイトによる復興資金の献納式を実施
	10月18日	開校記念式・祝賀式を実施
	12月19日	県下高校弁論大会で1位、2位入賞
昭和24年	3月8日	第一回卒業式を実施。卒業生は普通科264名、家庭科28名
	3月31日	併設中学校を廃止
	4月1日	1学年の学級数（普通科12学級、商業科4学級、家庭科3学級）
	4月20日	校舎の交換使用が行われ、北校舎の生徒は大宮小学校へ移動
	7月21日	大宮小学校から北校舎に復帰
	9月22日	家庭科教室を竣工
昭和25年	1月14日	第5棟を竣工
	1月16日	校歌制定（作詞：長嶺宏、作曲：園山民平）。作詞は応募32点の中から中村地平、黒木清次、神戸雄一、日高重孝が厳選
	1月22日	全国高校対抗通信駅伝宮崎大会で優勝
	4月1日	家庭科に被服課程設置
	7月15日	第二代校長に野崎親就任
昭和26年	3月	3回生により卒業記念としてフェニックスを植樹（～平成14年11月に害虫による被害で伐採）
	4月14日	本館竣工
昭和27年	7月	弦月会館竣工
昭和28年	4月1日	家庭科に被服課程と家庭課程の2コースを設置

昭和29年	5月12日	理科教室2棟竣工
昭和30年	9月21日	鉄筋校舎の東半分を竣工
昭和31年	9月17日	鉄筋校舎の西半分が竣工
	12月2日	九州高校駅伝競走大会で優勝
昭和32年	4月1日	第三代校長に野口逸三郎就任
		県立宮崎商業高等学校新設のため、商業科第一学年の募集停止
	8月13日	第39回全国高校野球選手権大会東九州代表として甲子園初出場。1回戦は三国高校（北陸代表）に14対1で完勝。2回戦で大宮高校（埼玉県）に延長10回の末、7対6で惜敗
昭和33年	3月31日	創立70周年記念誌を刊行
	11月15日	創立70周年記念式典を行う
昭和34年	3月27日	食堂と給湯室竣工
	4月1日	家庭科の被服課程の生徒募集を停止
	5月4日	課外授業開始
昭和35年	3月31日	体育館竣工
	4月1日	第四代校長に小高秀二就任
	5月30日	県民体育大会でバスケット男子優勝、弓道男子団体2位
	6月30日	体育館の落成式と祝賀会を実施
	9月7日	食堂が営業を開始（メニューはうどんとそば）
昭和36年	1月24日	総務委員会の任期を半年交代にすることを決定

昭和37年	5月1日	補習科を開講（〜平成18年1月27日閉講）
昭和38年	4月1日	合同選抜が始まる
	4月13日	新鉄筋校舎竣工
昭和39年	4月	弦月湖の埋め立て始まる
	6月10日	50メートルプール竣工
	7月30日	本館竣工
昭和40年	5月27日	弓道場竣工
昭和42年	8月13日	第49回全国高校野球選手権大会南九州代表として2度目の甲子園出場。1回戦で市立和歌山商業高校（紀和代表）に4－0で敗戦
昭和43年	5月25日	第3棟校舎竣工
	11月16日	創立80周年記念式典を行う
昭和44年	3月31日	図書館竣工
	4月1日	宮崎大宮第二高等学校が新設され、定時制を分離
昭和45年	4月1日	第五代校長に後藤賢三郎就任
昭和46年	3月23日	格技場竣工
昭和49年	4月1日	宮崎東高等学校が新設され、通信課程を分離
昭和50年	5月31日	理科棟竣工
昭和53年	10月7日	創立90周年記念式典を行う
昭和54年	10月26日	本校運動場での全国身障者スポーツ大会練習を激励に皇太子・皇太子妃が来校される

昭和56年	4月1日	第六代校長に坂口鉄夫就任
昭和57年	2月19日	売店横の中庭で『真・美・善』の記念碑除幕式を行う
昭和58年	3月6日	第1棟と第2棟の中庭に弦月庭園を造園
	3月25日	クラブ室、自転車置場、渡廊下（第1棟と図書館）、芸術準備室竣工
	4月1日	第七代校長に甲斐龍夫就任
昭和59年	4月1日	第八代校長に大山文夫就任
昭和63年	10月2日	創立百周年記念会館竣工
	10月9日	創立百周年記念式典を行う
平成元年	4月1日	第九代校長に久保和彦就任
		文科情報科新設（2学級）
平成3年	7月24日	第2運動場取得（旧宮崎大学運動場）
平成4年	4月1日	第十代校長に河野聚就任
		家政科の募集停止
平成6年	3月31日	家政科閉科
平成7年		65分授業導入（～平成16年まで。平成17年より50分授業に戻る）
平成8年	4月1日	第十一代校長に高橋政志就任
平成10年	11月1日	創立110周年記念式典を行う
平成11年	4月1日	第十二代校長に荒川功就任
平成13年	3月16日	25メートルプール竣工
平成14年	4月1日	第十三代校長に橋口玄郎就任

		正門前フェニックス、害虫食害のため伐採
平成15年	3月	二代目フェニックス植栽（宮崎県立養護学校より移植）
	12月18日	新体育館竣工
	4月1日	合同選抜制度廃止
平成17年	3月28日	テニスコート竣工（人工芝2面、クレイコート2面）、正門横に庭園を整備
	4月1日	第十四代校長に隈元正行就任
平成20年	4月1日	第十五代校長に飛田洋就任、普通科通学区域撤廃
	10月25日	創立１２０周年記念式典を行う
平成22年	3月31日	普通教室無線ＬＡＮ設備整備
	4月1日	第十六代校長に黒木正彦就任
平成24年	4月1日	第十七代校長に有枝定幸就任
平成26年	4月1日	第十八代校長に西立野康弘就任
平成27年		ＳＧＨ指定校として本指定を受ける（～平成31年度まで）
	2月	県立学校基盤整備事業・校内ＬＡＮ整備工事
	11月23日	台湾高雄市立高雄高級中学校と姉妹校締結
平成28年	4月1日	第十九代校長に川上浩就任
平成30年	4月1日	第二十代校長に飯干賢就任
	11月3日	創立１３０周年記念式典を行う

あとがき

我が宮崎大宮高校は今年、創立130年の節目を迎えました。

……と簡単に130年と書きましたが、130年前は明治21年（1888年）で、江戸幕府の大政奉還からわずか21年後に宮崎中学校が創立されたことになります。さらに年表を見ると、この翌年の明治22年に「大日本帝国憲法」が公布されています。こう思うと、つくづくこの130年という時間の長さを感じます。

大宮高校はこの間、約4万9400余名の卒業生を世に送り、その数は全国の公私立合わせた4900校を超える高校の中で6番目と言われています。数だけでなく、国内ではもちろん、世界中のいろんな分野で活躍されている方があまたおられます。その方々の活躍をこの記念誌編纂を通して知り、我が大宮高校の素晴らしさに改めて感じ入った次第です。

また、大宮高校そのものの歴史について、いかに知らなかったかということをも思い知らされました。次から次へと展開する歴史の一幕一幕に感動しながら、往時に思いを馳せつつ編纂を進めてまいりました。

編纂に当たっては、できる限りの手を尽くして卒業生の方々の情報を集めました。しかし、記念誌に登場された方々以外にも、さまざまな世界で貢献されている方が数限りなくおられるでしょう。また、掲載情報の不足や不備などを感じられる方もおられるかもしれません。そのような皆さまには、申し訳なく、心からお詫び申し上げたい所存です。

終わりに、この記念誌発行のきっかけを作ってくださった川上浩前校長、情報の提供や取材のために時間を割いて下さった同窓生、全面的に編集に協力して下さった学校の先生方、本誌にかかわられた全ての皆さまに御礼を申し上げます。なお、発行に際しましては、鉱脈社の川口敦己社長、藤本敦子編集部長、社員の皆さまに多大なお力添えをいただいたことを申し添えます。

私たち7名のメンバーは、今回、母校の創立130年という節目の記念誌刊行に携わる幸運に恵まれたことを心からありがたく思っております。この場をかりて感謝申し上げ、今後の大宮高校の更なる発展と同窓生各位のご健勝を祈念して「あとがき」といたします。

（吉田記）

記念誌刊行委員会

委員長　吉田暎彦（14回）

委　員　原田紀子（11回）　長友克輔（14回）

谷口眞由美（31回）　清水克彦（45回）

川越菜穂美（56回）

愛甲孝夫（36回）大宮高校

索　　引

永遠の星座　宮崎大宮高校130年

二〇一八年十月十七日　初版印刷
二〇一八年十一月一日　初版発行

編集者　創立130周年刊行委員会
宮崎県立宮崎大宮高等学校弦月同窓会

発行者　宮崎県立宮崎大宮高等学校
〒八八〇-〇〇五六
宮崎市神宮東一丁目三番十号

発行所　鉱脈社
〒八八〇-八五五一
宮崎市田代町二六三番地
電話　〇九八五-二五-一七五八
郵便振替　〇二〇七〇-七-二三六七

印刷
製本　有限会社　鉱脈社

印刷・製本には万全の注意をしておりますが、万一落丁・乱丁本がありましたら、発行所にてお取り替えいたします。（送料は小社負担）

定価　一〇〇〇円（税込）